太极拳拳架一点通

系列之一：二十四式和四十二式太极拳

成仁芬　刘月鹏　编著

人民体育出版社

作者夫妇近期生活照

师爷李经梧先生

师父梁宝根先生

作者夫妇与梁师父合影

作者夫妇与著名武术家、吴门师叔张全亮夫妇合影

吴式、武式第六代、陈式第十二代
传人成仁芬、刘月鹏的收徒仪式

作者夫妇与部分弟子在一起

北京大兴区丽园南区太极拳队合影

2015年参加北京市"李天骥杯"武术太极拳比赛,成仁芬荣获"女子老年组吴式竞赛套路"第三名

作者夫妇和弟子、学员与著名武术家张全亮先生合影

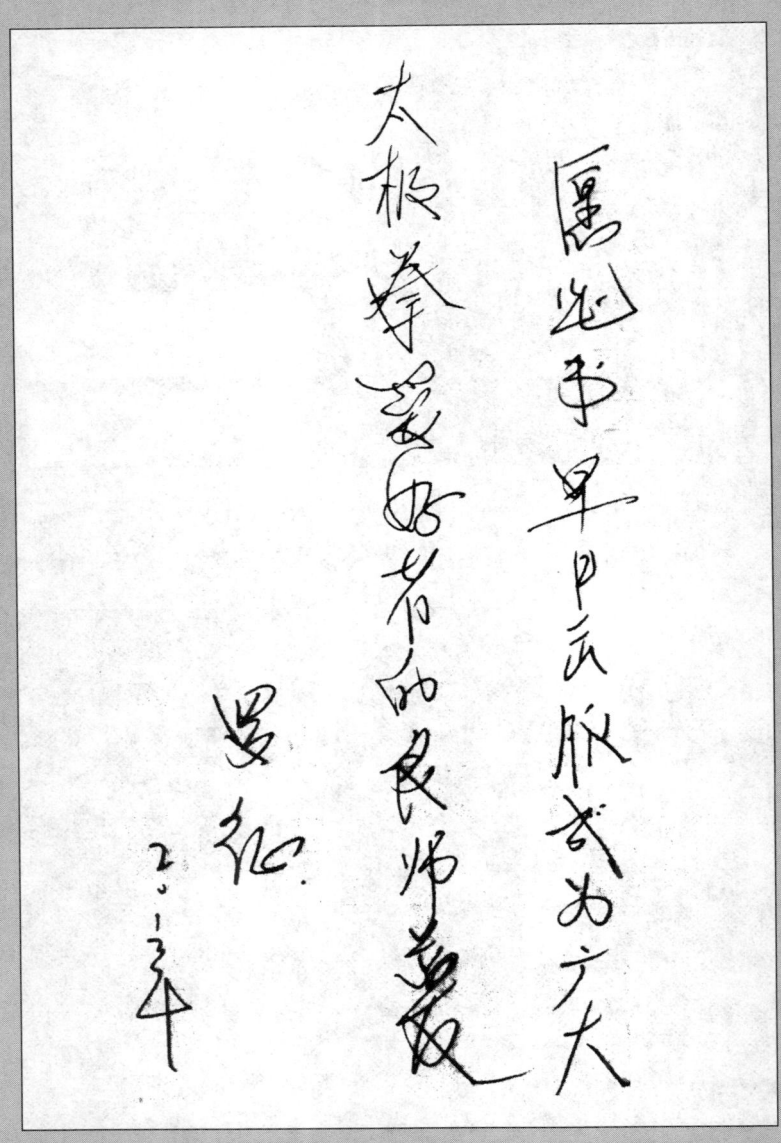

河北省武术协会副主席、邢台市武术协会主席
罗征先生题词

均匀布势 恰到好位
刚柔相济 阴阳互补

华北著名的书法家张鹤龄先生题词

太极神韵

恭贺老师刘月鸣戊仁之年太极拳普及技术永创先威

癸巳年初冬 张立忠于云华

弟子张立忠题词

作者简介

成仁芬，1948年生于河北巨鹿县。系当代太极大家李经梧先生的再传弟子，师承梁宝根先生，成为吴式、武式第六代、陈式第十二代传人。

作者1985年练拳，系中国武术协会会员，北京市吴式太极拳研究会会员，社会体育一级指导员，中国武术六段，曾任邢台市桥西区武协办公室主任。1996年在邢台市组织成立了"晨兴拳社"，任副社长兼教练员，长年义务教拳，从学者约千人。曾16次参加省、市和北京市、区级比赛，获二至六名8次、一等二等奖8次。2015年率弟子参加北京市"李天骥杯"武术太极拳比赛，荣获"女子老年组吴式竞赛套路"第三名，得铜牌一块；弟子获得金牌一块、铜牌一块。

作者和丈夫刘月鹏都与太极拳结下了不解之缘，克服抚养孙辈、操持家务等诸多困难，每日闻鸡起舞，阴阳互补，被同门和太极拳爱好者誉为"太极伉俪"。

作者简介

刘月鹏，1949年生于甘肃酒泉。系当代太极大家李经梧先生的再传弟子，师承梁宝根先生，成为吴式、武式第六代、陈式第十二代传人。

作者1990年练拳，系中国武术协会会员、北京市吴式太极拳研究会理事、社会体育一级指导员、中国武术六段。他和成仁芬合写的三千余字的武术论文《浅论行拳走架中如何做到身法正、上下随、意气通》在《中华武术》杂志2012年第4期上发表；此文在网上发布以后，被多家网站转载，受到武术界普遍好评。作者曾著有41万字的长篇小说《穿过岁月的河流》，2011年由解放军出版社出版发行。

为了协助老伴成仁芬编写此书和录制光盘，全程参与工作。并在策划、选景、照相、录像、解说等方面做了大量的工作。

序

  作者夫妇均系当代太极大家李经梧先生的再传弟子,师承梁宝根先生。是吴式、武式第六代、陈式第十二代传人,太极拳名家。他们练功练拳求精求实,数十年苦练不辍,且喜研理法,好悟诀窍,深得陈式缠抖刚发之力、吴式粘随柔化之功的真谛。夫妇俩在练拳中相互切磋,取长补短,刚柔相济,阴阳互补,被同门和太极拳爱好者誉为"太极伉俪"。他们秉承其师爷李经梧先生的武德风范,矢志为太极拳的普及推广尽心尽力。在传承传统太极拳文化的同时,还与时俱进,潜心钻研原国家体委组织专家创编的大众化太极拳套路,并反复实践,认真推敲,在招式和套路演练上力求规范到位,在学练方法上大胆探索,勇于创新,创造出了一套准确、快速的学练方法。此书成稿历时两年,其间夫妇二人遍访名师,征求意见,也偶至寒舍求教于我,得到些许提点,总是欣喜不已。夫妇二人如此年纪,如此执着,这种不遗余力的精神实为难能可贵。

  此系列图书和配套光盘有三大特点。

  一是准确性,正如作者在前言中写的"这套系列简易快速学练法,严格遵循了太极拳的创编原理和行拳规则。对行拳路线、方向、角度以及每套拳的风格特点均未作丝毫改变，只是取其精髓，提炼精华，深入浅出，对各式作了独到的分解"。他们编写的这套图书和录制的演示光盘，思路清晰合理，教法新颖得当，讲解细致透彻，演示准确到位，初学者易懂易学。对于虽习练太极拳多年但身法不正、上下不随、姿势不到位，在行拳中有这样或那样弊病（比如双重、抢步、低头、弯腰、凸臀等）的太极拳习练者，均可在重新学习中得以纠偏，由模糊而清楚，由错误而正确，在提高拳术方面迈上一个新台阶。此书既适合初学者，也适合其他习练者，确实是惠及广大太极拳爱好者的不可多得的实用图书。

二是简易性，他们编写的二十四式、四十二式、四十八式太极拳和杨式四十式太极拳等简易快速学练法，是作者根据多年的教学经验、练拳体悟和对拳理拳法的探究，总结归纳出来的一种简便易学、行之有效的学练方法。把深奥的太极理论编写成通俗易懂的教学口令，恰如其分地与动作紧密结合起来，融入一招一式的分解教学之中。尤其是每句口令之间留有2~3秒钟的定势间隔，使从学者有了现场思考、加强记忆的空间。这种方法能使大家不出家门，一看便懂，一学即会，为自学成才者构建了一个学拳的平台。

三是速成性，如今全民健身运动方兴未艾，太极拳要首当其冲走进社区、走进千家万户。社区中很多人有习练拳术的意向，但被太极拳的神秘面纱所羁绊，这套图书和配套光盘能使大家对太极拳有个正确的了解和认

识,能激活因拳理深奥望而却步的人群,提高他们的自学兴趣和能力。只要按照这套方法习练,在短期内打好太极拳不是梦。

目前,这四套拳的简易快速学练法及配套光盘即将问世。这是一套习练太极拳的最基础的图书,它提纲挈领,实用高效,教、学、练皆宜,适合广大太极拳爱好者,尤其适合初学者快速入门。我向大家推荐这套图书(附演示光盘),愿初学者和广大太极拳爱好者快速步入太极殿堂,早日圆"太极之梦"。

张全亮
2014 年 12 月 18 日

张全亮先生是北京鸣生亮武学研究会会长、北京吴式太极拳研究会常务副会长、北京八卦掌研究会顾问委员会副主任。

前 言

太极拳是中国武术的一块瑰宝，是中华民族智慧的结晶。在战争年代，它确是一种御敌的极奥妙的武术，而在和平年代，它的主要目的是为了强身健体。清代太极拳名家王宗岳先生曾在太极拳《十三势行功歌诀》中说道："详推用意终何在，益寿延年不老春。"可见古代武术家对太极拳的健身作用还是十分肯定的。新中国成立以来，打太极拳又成为全民健身运动的主流。

我们发现在当前和谐的社会环境中，习练太极拳的爱好者越来越多，他们都希望能正确快速地掌握学拳的方法，以达到强身健体的目的。在当前太极拳进社区的大气候下，有很多人想学太极拳，但又觉得十分神秘和困惑：看书吧，由于拳理深奥看不懂；看光盘，又因没有老师的具体指点，也只知皮毛而不知内在含义；找老师教身边又缺乏教学有方的太极名师。他们中的初学者和有这样或那样弊病的太极拳爱好者想纠偏又苦于没有方法的人，希望有一种适合他们的书和光盘问世，在短时间内快速规范地学好几套拳，老年人用来丰富自己的晚年生活，修身养性、强身健体、延年益寿；青年人则陶冶自己的情操，丰富业余生活，减缓工作压力。本系列书所著二十四式、四十二式、四十八式太极拳和杨式四十式太极拳等简易快速一点通的学练法，就是在这种形势下应运而生的。

这些套拳都是国家规定的标准化的产品，皆由原国家体委武术研究院审定、人民体育出版社出版发行，在国内外民众中流行甚广，我们夫妇二人也是这些套拳的习练者和受益者。说心里话，在编写这套系列简易快速一点通的学练法之初，我们思想上是有顾虑的：因为我们夫妇二人均是当代太极大家李经梧先生的再传弟子，师承梁宝根先生，编写国家出台套路的学练方法，会不会被人误解……但是一想到师爷李经梧先生曾在新中国成立初期就甘当新中国第一部简化太极拳的演示者，为当时全国的太极拳界树立了榜样。他的高风亮节时时鼓励着我们也要为国家发展太极拳运动尽一份绵薄之力。

因此，成仁芬除了修炼好本门所传的陈、吴、武式太极拳、械传统套路外，还博采众家之长，对国家发布的规定套路也进行了深入的研究。经过多年的勤修苦练，她的太极拳架严格规范，以意导动，优美稳健，圆活自然，并日臻精纯，逐步形成了"均匀、柔和、轻灵、到位；刚柔相济，舒展大方"的独特个人风格。并在长期的办班教学中，逐渐摸索出了这套适合初学者和中老年朋友学习掌握的简易快速一点通的学练方法，并严格遵循了太极拳的创编原理和行拳规则，对行拳路线、方向、角度以及每套拳的风格特点均未作丝毫改变，只是取其精髓，提炼精华，深入浅出，对各式作了独到的分解。她特别注重各式转换时的细节动作及学、练、教的规范、易懂的术语，使初学者有法可循，有技可依，完全是一种通俗易懂的辅助性的学练方法，是普及太极拳运动的最基础的学练材料，也是对原创的一种丰富。

在光盘教学中，成仁芬以她年近古稀的岁数亲自示教，配合教学口令，立体直观、准确到位地示范了每个单势动作。初学者可以不必死记硬背，教到哪一势，口诀配动作，就能触势生智，自学成才。目的是让太极拳轻松进入寻常百姓家，为全民健身运动贡献自己的力量。

跟她学练的学员中，有在职的年轻人，也有刚退休的中老年朋友，具有广泛的基层群众性。在教拳过程中，对有基础的和初学者都一视同仁，不嫌不弃，手把手施教，她诲人不倦，从不端架子，不怕麻烦，不计报酬，还针对学员年龄和身体条件不同分别进行指导，在学员中有很好的口碑。她还鼓励学员增强自信，勤学苦练，互相交流，取长补短。由于方法得当，教学严谨，从学者进步很快。多年的学练实践证明，只要按照这种方法习练，在短期内打好太极拳不是梦。

在本书即将成型之际，由北京鸣生亮武学研究会会长、北京吴式太极拳研究会常务副会长、北京八卦掌研究会顾问委员会副主任张全亮先生为本书作序。河北省武术协会副主席、邢台市武术协会主席罗征先生为本书题词；华北著名的书法家张鹤龄先生为本书题词；弟子张立忠亦为本书题词，我们谨向他们表示衷心的感谢！本书成稿后，人民体育出版社的编辑们不辞辛苦：校对、改稿、重组、编辑付出了大量的心血，在此也一并致谢！

由于我们水平有限，错误和疏漏在所难免，敬请太极拳专家、武林同道和广大太极拳爱好者不吝赐教，以便我们在今后的教、学、练中不断改进、完善。

太极伉俪

2015 年 5 月 1 日

目 录

一、简易快速学练法是速通太极拳拳架的捷径
  …………………………………………………………（ 1 ）
二、对太极拳爱好者学练此法的几点要求 ……（ 3 ）
三、二十四式太极拳简介 ………………………（ 7 ）
四、二十四式太极拳拳术名称 …………………（ 8 ）
五、二十四式太极拳口令词 ……………………（ 10 ）
六、二十四式太极拳口令词图解及要领一点通
  …………………………………………………………（ 20 ）
七、四十二式太极拳简介 ………………………（ 84 ）
八、四十二式太极拳拳术名称 …………………（ 85 ）
九、四十二式太极拳口令词 ……………………（ 87 ）
十、四十二式太极拳口令词图解及要领一点通
  …………………………………………………………（100）

十一、附录
  浅论行拳走架中如何做到身法正、上下随、
  意气通 …………………………………………（198）

一、简易快速学练法是速通太极拳拳架的捷径

武术是中国传统文化的一部分,太极拳又是我国传统武术的一支奇葩。国家出台的太极拳套路,是在传统太极拳的基础上删繁就简创编的,一经出现就显示出了强大的生命力,全国广大太极拳爱好者都在习练,而且早已走向世界。

目前,学练国家出台的太极拳套路的爱好者越来越多,而且与日俱增。然而打好太极拳又不是一件轻而易举的事。太极拳的动作比较曲折、复杂多变,注重身法、步法、眼法,常常伴有行拳路线的改变等,初学的人往往摸不着头脑,手脚不能兼顾,手眼不能相随,身体歪斜,上下不能协调。看书吧,由于拳理深奥看不懂;看光盘又因没有老师具体指点,只知皮毛而不知内在含义;请老师教身边又缺乏教学有方的太极名师。他们中的初学者和有这样或那样弊病的太极拳爱好者想纠偏又苦于没有方法的人,希望有一种适合他们的习练方法,在短时间内快速正确地学好几套拳,以达到强身健体的目的。

本书正是适应了这一需求,把深奥的太极理论编写成通俗易懂的教学口令,深入浅出地与动作紧密结合起

来，融入一招一式的分解教学之中，按照国家规定套路的要求，对每一动的方向、路线、手型、手法、步型、步法、重心、眼神等都以"要领提示"的方式加以详细地说明。尤其是式与式之间的衔接、每个动作转换时启承转接的细节之处，均采取了大众喜闻乐见的图文并茂的形式、视频助教的学练方法，既言简又意赅，使大家有种亲临现场视听之感，能在轻松、愉悦的氛围中领略习练太极拳的乐趣。在分解学练中，每一式都可以停下来反复练习，使初学者能够深入理解、加强记忆、熟中生巧，使之更容易上手学练。随着熟练程度的提高，学员们就能把分解动作连贯起来演练，而且逐步符合太极拳的重心稳定、上下相随、速度均匀、圆活自然的要求。

这套系列简易快速一点通的学练方法，是我们在数十年的习练和教学中总结出来的一套行之有效的方法。然而，快速并不是飞速和神速，不是几天几个月就能学正确的。学一套拳时间的长短因人而异，是根据自身条件，比如年龄、性别、身体素质、悟性、基本功和学拳的决心等来决定的。

这套图书和配套光盘能使大家对太极拳有一个正确的了解和认识，能激活因拳理深奥而望而却步的人群，提高民众自学的兴趣和能力，是广大太极拳爱好者速通太极拳拳架的一条捷径。

二、对太极拳爱好者学练此法的几点要求

(一) 牢记速通口诀反复进行练习

这套方法借鉴了太极拳名家陈鑫"以诀示要"的成功经验,是以口诀引导动作来进行练习的。大家只有把口诀记熟背会,按口诀反复练习,才能做到心法、身法、手法、腿法和眼法的有机配合,才能快速准确地学会每个单式乃至整套拳。

(二) 注重腰肌训练达到以腰为轴的目的

太极拳的行拳走架是以"腰"为轴的武术运动。《拳论》称:"腰为主宰",就突出了"腰功"在太极拳习练中的核心地位。有人说,"打拳不用腰,拳架一定糟",这是条朴实的真理。只要做到以腰为轴带动四肢和躯干运动,快慢相间,节节贯穿,开合有变,拳架才能圆活连贯,如行云流水绵绵不断。反之,行起拳来则显得僵硬、机械、死板。在技击方面也是如此,武禹襄在《十三势说略》中提到："其根在脚，发于腿，主宰于腰，形于手指。"就是说发力时，两脚蹬地的劲与两手发出的劲是以腰为轴上下贯通的整体劲。可见腰功是练太极拳最大的基本功之一。那么，平时应该怎么练腰功呢？那要遵循《拳论》中"立如秤准"的原则，即立身中正，按照"上下一条线，任凭两手转"的方法，练习腰带动上肢左右转动上下拔长，反复练习。久而久之，自然能达到以腰为轴的目的。

（三）增强腿功训练旨在稳定重心

太极拳要求虚实分明，总是一条腿微屈站立支撑全身的重量，换重心后再以另一条腿支撑全身的重量，两膝关节交替处于半屈曲状态，伸屈频繁，单肢负重很大。有很多初学太极拳的人，开始两三个月常常感到腰膝疼痛，有的人认为这是练出来的毛病，就知难而退，不再练拳了，这不能不说是一种遗憾。笔者告诉大家练拳中腰膝疼痛是正常现象，是肌肉、筋腱负荷锻炼的结果，不是病态，没必要那样畏惧。希望大家不要半途而废，继续坚持锻炼，就会逐步适应这种运动量，使肌腱的力量增大、关节的稳定性增加，就不会再发生疼痛了。等练到支撑腿"入地三尺"，身体就不会左晃右摆，重心就"稳如泰山"了。

二、对太极拳爱好者学练此法的几点要求

（四）锻炼腹式呼吸提倡自然呼吸

打太极拳时运动量比平时增大好几倍，光靠胸式呼吸是不够的，那样会上气不接下气。所以，初学者一定要锻炼腹式呼吸，怎样练腹式呼吸呢？就是舌抵上腭，用鼻吸气，做到细、匀、深、长，把气用意识慢慢导向丹田，再缓缓用口鼻呼出来。这种方法采取坐、卧、站的方法均可，天天坚持练习，久而久之，即可练成腹式呼吸。

初学太极拳时，我们不提倡动作配合呼吸，只要求呼吸顺畅自然（个别定势例外）。《十三势行功心解》上说："全身意在精神，不在气，在气则滞。"如果强求动作配合呼吸，则会造成"闭气"的毛病，影响放松，制约功力。当然，待行拳纯熟时，呼吸会自然而然地配合动作，希望大家慢慢体会其中的奥妙。

（五）苦练基本功力求准确到位

练太极拳是件轻松愉快的事，但要达到较高水平，非苦练基本功不可。基本功包括：站桩功、平衡功、腰功；需要压腿、踢腿（正踢和侧踢）、骗腿；进行控腿和下势训练，还要练好太极步，有条件的还可劈左右叉甚至横叉。这些基本功训练都对打好太极拳，使之准确到位有很大作用，但要因人而异进行有选择的

练习。

笔者认为,要想学练好太极拳,以上几点是必不可少的。总之,在学练太极拳的过程中,只有在老师的指导下长年累月苦学勤练,持之以恒,循序渐进,才能练出上乘功夫。祝大家排除困难,每天闻鸡起舞,早日步入"太极殿堂"。

三、二十四式太极拳简介

二十四式太极拳是1956年国家体委武术研究院组织太极拳专家,选择传统杨式太极拳的主要内容,编写而成的简化套路。这套拳按照由简到繁、由易到难的原则进行编排,既保留了杨式太极拳的传统风貌,又突出了简化太极拳的群众性和健身性,深受国内外广大太极拳爱好者的喜爱。

这套拳看似简单,但两个蹬脚和两个下势独立就比较难。初学者需下工夫才能掌握。只要学会了这套拳,再学其他拳就容易掌握了。

四、二十四式太极拳拳术名称

预备势

第一组
1. 起势　　　　　　2. 左右野马分鬃
3. 白鹤亮翅

第二组
4. 左右搂膝拗步　　5. 手挥琵琶
6. 左右倒卷肱

第三组
7. 左揽雀尾　　　　8. 右揽雀尾

第四组
9. 单鞭　　　　　　10. 云手
11. 单鞭

第五组
12. 高探马　　　　　13. 右蹬脚
14. 双峰贯耳　　　　15. 转身左蹬脚

第六组
16. 左下势独立　　17. 右下势独立

第七组
18. 左右穿梭　　　19. 海底针
20. 闪通背

第八组
21. 转身搬拦捶　　22. 如封似闭
23. 十字手　　　　24. 收势

五、二十四式太极拳口令词

预备势：两脚并拢，松静站立。

第一组（1~3式）

1. 起势

（1）重心右移，左脚向左开半步，与肩同宽。
（2）两掌心向下，两臂缓缓向前平举，与肩同高。
（3）屈膝，两掌下按至腹前。

2. 左右野马分鬃

左野马分鬃
（1）重心右移，微右转，收左脚抱球。
（2）身体微左转，出步斜抱球。
（3）左转，弓步分靠，蹬右脚。

右野马分鬃
（1）后坐翘左脚。
（2）撇脚微左转，重心前移，收右脚左抱球。
（3）身体微右转，出步斜抱球。
（4）右转，弓步分靠。

左野马分鬃

(1) 后坐，翘右脚。
(2) 撇脚微右转，重心前移，收左脚右抱球。
(3) 身体微左转，出步斜抱球。
(4) 左转，弓步分靠。

3. 白鹤亮翅

(1) 跟半步、中抱球。
(2) 后坐、右转、摆臂。
(3) 左转，左脚尖前移，虚步亮掌。

第二组（4～6 式）

4. 左右搂膝拗步

左搂膝拗步

(1) 上体微左转，摆臂。
(2) 右转，两手交叉划弧。
(3) 收左脚，侧举臂。
(4) 微左转出步，屈右肘。
(5) 左转，弓步搂推掌。

右搂膝拗步

(1) 后坐翘左脚。
(2) 撇脚微左转。
(3) 重心前移，收右脚侧举臂。
(4) 微右转出步，屈左肘。

(5) 右转，弓步搂推掌。

左搂膝拗步
(1) 后坐翘右脚。
(2) 撇脚微右转。
(3) 重心前移，收左脚侧举臂。
(4) 微左转出步，屈右肘。
(5) 左转，弓步搂推掌。

5. 手挥琵琶

(1) 跟半步、前伸掌。
(2) 后坐、右转、摆臂、回带。
(3) 上体左转，虚步合掌。

6. 左右倒卷肱

右倒卷肱
(1) 微右转撤手。
(2) 右手划弧，侧后举臂。
(3) 翻掌微左转。
(4) 屈右肘提左脚。
(5) 退步前推掌。

左倒卷肱
(1) 左转，左手划弧侧举臂。
(2) 翻掌微右转。
(3) 屈左肘提右脚。
(4) 退步前推掌。

右倒卷肱

(1) 右转,右手划弧侧举臂。

(2) 翻掌微左转。

(3) 屈右肘提左脚。

(4) 退步前推掌。

左倒卷肱

(1) 左转,左手划弧侧举臂。

(2) 翻掌微右转。

(3) 屈左肘提右脚。

(4) 退步前推掌。

第三组、第四组(7~11式)

7. 左揽雀尾

(1) 微右转,收左脚右抱球。

(2) 微左转,出步斜抱球。

(3) 左转,弓步前掤。

(4) 腰微左转,翻掌前伸。

(5) 后坐、右转、后捋。

(6) 微左转搭手。

(7) 弓步前挤。

(8) 右手前穿,两手翻掌心向下。

(9) 分手后坐,翘脚回引。

(10) 两掌下沉至腹前。

(11) 弓步前推按。

8. 右揽雀尾

(1) 后坐扣脚，右转、分手。
(2) 重心左移，收右脚抱球。
(3) 微右转，出步斜抱球。
(4) 右转，弓步前掤。
(5) 腰微右转，翻掌前伸。
(6) 后坐、左转、后捋。
(7) 右转搭手。
(8) 弓步前挤。
(9) 左手前穿，两手翻掌心向下。
(10) 分手后坐，翘脚回引。
(11) 两掌下沉至腹前。
(12) 弓步前推按。

9. 单鞭

(1) 后坐、扣脚、左转、划弧。
(2) 重心右移，两手交叉划弧。
(3) 收左脚，右掌变勾。
(4) 左转出步，左手平捋。
(5) 弓步前推掌，蹬右脚。

10. 云手

(1) 后坐翘左脚。

五、二十四式太极拳口令词

(2) 右转扣脚，摆臂、松勾。

(3) 左转腰，弧形云手。

(4) 并右脚翻掌。

(5) 右转腰，弧形云手。

(6) 横开步翻掌。

(7) 左转腰，弧形云手。

(8) 并右脚翻掌。

(9) 右转腰，弧形云手。

(10) 横开步翻掌。

(11) 左转腰，弧形云手。

(12) 并右脚翻掌。

11. 单鞭

(1) 右转，两手划弧运转。

(2) 收左脚，右掌变勾。

(3) 左转出步，左手平捋。

(4) 弓步前推掌，蹬右脚。

第五组、第六组（12～17式）

12. 高探马

(1) 跟半步前伸掌。

(2) 后坐、右转、勾变掌。

(3) 微左转，翻掌平举。

15

(4) 左转，虚步推掌。

13. 右蹬脚

(1) 微右转，提膝穿左掌。
(2) 左转，出步翻掌。
(3) 弓步、两手分开。
(4) 收脚合抱。
(5) 提膝、蹬脚分掌。

14. 双峰贯耳

(1) 收腿并手。
(2) 两手下落至右膝两侧。
(3) 屈膝出步，落手握拳。
(4) 弓步双贯拳。

15. 转身左蹬脚

(1) 后坐、翘脚、拳变掌。
(2) 微左转，扣右脚分掌。
(3) 左转，收脚合抱。
(4) 提膝、蹬脚分掌。

16. 左下势独立

(1) 右转，左腿屈收摆臂，右掌变勾。
(2) 屈膝落手，伸左腿。

(3) 左转，仆步前穿掌。
(4) 撇左脚、扣右脚、弓步挑掌后勾手。
(5) 撇左脚，提膝、独立上挑掌。

17. 右下势独立

(1) 落右脚、左转、右手左摆。
(2) 碾左脚，左手提勾。
(3) 屈膝落手、伸右腿。
(4) 右转，仆步前穿掌。
(5) 撇右脚、扣左脚、弓步挑掌后勾手。
(6) 撇右脚，提膝、独立上挑掌。

第七组（18~20式）

18. 左右穿梭

右穿梭
(1) 屈膝落脚、翻掌微左转。
(2) 重心前移，收脚左抱球。
(3) 微右转出步，两手对拉。
(4) 右转，弓步架推掌。

左穿梭
(1) 后坐、翘脚、微左转。
(2) 右转，重心前移，收脚右抱球。
(3) 微左转出步，两手对拉。

(4) 左转，弓步架推掌。

19. 海底针

(1) 右脚跟半步。
(2) 后坐右转，两手划弧、提右手。
(3) 左转，虚步搂按、斜插掌。

20. 闪通背

(1) 上体微右转，收脚上提手。
(2) 出左步、翻右掌。
(3) 弓步撑推掌。

第八组 (21～24式)

21. 转身搬拦捶

(1) 后坐扣脚，右转摆臂。
(2) 重心左移，碾脚、落臂握拳。
(3) 右转上步，摆脚、向前搬拳。
(4) 重心前移，右转、翻拳划弧。
(5) 上步拦掌。
(6) 左弓步打拳。

22. 如封似闭

(1) 左手翻掌前穿，松右拳，两掌心向上。
(2) 分手后坐，翘脚回引。

(3) 两掌下沉至腹前。
(4) 左弓步前推按。

23. 十字手

(1) 后坐、扣脚、右转摆臂。
(2) 撇脚，侧弓步分掌。
(3) 重心左移，两掌下沉，扣右脚。
(4) 收脚、合抱。

24. 收势

(1) 翻掌，两掌平分。
(2) 垂臂，两手下落。
(3) 并步还原。

六、二十四式太极拳口令词图解及要领一点通

注：假设面南起势。

预备势：两脚并拢，松静站立。（图6-1）

图6-1

要领提示：身体自然直立，两脚并拢，脚尖向前，头颈正直，下颌微收，口闭齿叩，舌抵上腭，沉肩垂臂，含胸拔背，松腰敛臀，两掌轻贴于大腿外侧，手指微屈，中指贴于裤腿中缝处；精神集中，身体中正安舒，呼吸自然；眼平视前方。

第一组（1～3式）

1. 起势

（1）重心右移，左脚向左开半步，与肩同宽。（图6-2）

要领提示：左脚横开要轻起轻落、点起点落，左脚跟轻提（吸气），以不超过右踝骨的高度为宜；全脚踏实（呼气），两脚平行向前，重心平稳左移，体重平均放于两腿，重心在两腿之间；自左脚跟轻提起到全脚踏实，要节节贯穿，不可有断续处；两臂松垂，两腋含空，身体不可随开步左右晃动，松腰松胯，上体要中正，忌八字脚；眼平视前方。

（2）两掌心向下，两臂缓缓向前平举，与肩同高。（图6-3）

图6-2

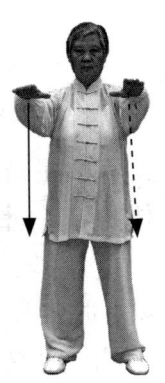
图6-3

要领提示：手臂前举时，两前臂内旋，两掌心翻转向后，以肩为轴，用意念带动两臂两掌缓缓向体前平举，内含掤劲，劲贯手背，与肩同高、同宽，两肩松沉，两臂直中有屈，肘尖下垂，腕关节与前臂持平，不要提腕或折腕，忌耸肩、抬肘，身体保持中正。如用在技击上，我中指找劳宫，向对方掌心发力，使其失去重心，并后仰跌出。

（3）屈膝，两掌下按至腹前。（图6-4）

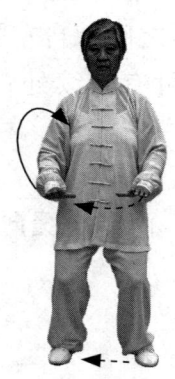

图6-4

要领提示：屈蹲按掌动作宜缓慢，要松腰、坐胯、敛臀，上体中正，重心仍落于两腿之间；到位时要展掌、舒指，力达掌心，掌与膝上下相对，两掌下按为呼气，忌坐腕、肘尖外撑或上扬；两掌下按要与两腿屈蹲协调一致，同时到位；眼仍平视前方。

2. 左右野马分鬃

左野马分鬃

（1）重心右移，微右转，收左脚抱球。（图6-5）

要领提示：两掌抱球要与转体、重心右移、收左脚、脚尖点地协调一致；两臂屈抱时，是在腰的带动下完成的，两肩松沉，左臂外旋，两腋含空，两臂成弧形，两掌上下相对，右肘低于肩，腕低于手，上臂与前臂之间的夹角大约120°；目视右掌。

（2）身体微左转，出步斜抱球。（图6-6）

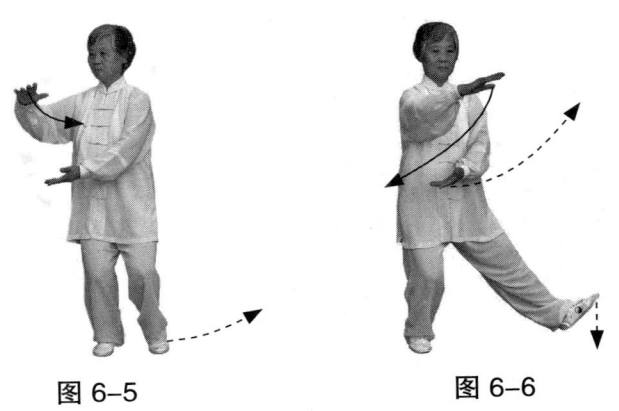

图6-5　　　　　　　　图6-6

要领提示：两臂微内合要与转体、左脚上步脚跟着地同步；左脚出步时，开胯圆裆，重心不得升高或降低，身体不可上挺或后仰，右腿应屈膝，左脚经右踝骨内侧向左前方迈出，两脚跟之间的横向距离约 20 厘米，重心仍在右腿，以免重心过早前移使左脚像砸夯似的落地。

（3）左转，弓步分靠，蹬右脚。（图 6-7）

图 6-7

要领提示：两掌左上、右下分开要与转体、重心前移、蹬右脚成左弓步协调一致。

弓步定势时，两脚跟之间的横向距离约 30 厘米，避免迈步时成"一字步"甚至"麻花步"；做分靠时，右脚蹬地，劲由脚起，以腰带臂、以臂带手，力点在左手臂外侧，向左斜上方靠出，前臂不要超出大腿外侧，肘与膝要上下相对；到位时，左肩松沉，肘微屈，左臂直中有屈，左手展掌、舒指，力贯指梢，左膝与左脚尖上下相对，在一条与地面的垂直线上，膝盖不得超过脚尖；右掌下按（采）右胯旁，臂微屈，右臂呈弧形，展掌、舒指、坐腕；此势为呼气；目视左掌前方。

右野马分鬃

（1）后坐翘左脚。（图6-8）

要领提示：重心后移，上体后坐、左脚尖翘起与转体同时进行；后坐时，重心平稳后移，重心不要忽高忽低，上体保持正直。

（2）撇脚微左转，重心前移，收右脚左抱球。（图6-9）

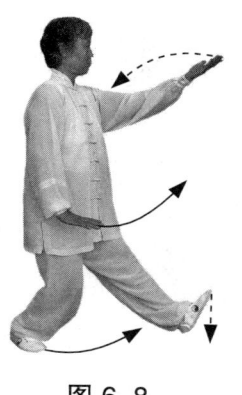
图6-8

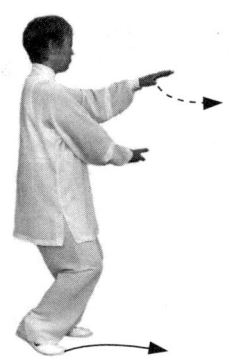
图6-9

要领提示：两掌抱球时，左前臂内旋，右前臂外旋，以腰带动两臂屈抱于左胸前，想象两手似转动一个立体的太极球，既要抱得住，又不使球触及身体；收右脚时，重心完全移到左腿，再以右大腿带小腿，将右脚收至左脚内侧，脚尖点地；抱球要与转体、左脚尖外撇、重心前移、收右脚协调一致，同时完成；眼看左手。

(3) 身体微右转,出步斜抱球。(图6-10)

要领提示:两臂微内合要与转体、右脚前上脚跟着地同步;右脚出步时,左腿屈膝,右脚经左踝骨内侧向右前方迈出,两脚跟之间的横向距离约20厘米,重心仍在左腿,避免重心过早前移使右脚像砸夯似的落地;胸向东北;目视前方。

(4) 右转,弓步分靠。(图6-11)

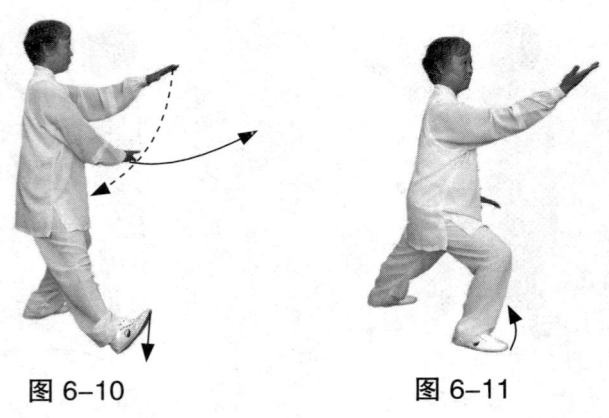

图6-10　　　　　　图6-11

要领提示:两掌右上、左下分开要与转体、重心前移、右腿屈膝成右弓步协调一致。

弓步定势时,两脚跟之间的横向距离约30厘米;避免迈步时成"一字步"甚至"麻花步";做分靠时,以腰带臂、以臂带手,力点在右手臂外侧,向右斜上方靠出,前臂不要超出大腿外侧,肘与膝要上下相对;到位时，右肩松沉，肘微屈，右臂直中有屈，右手展掌、舒指；左掌下按（采）左胯旁，左臂微屈呈弧形，展掌、舒指、坐腕；右膝与右脚尖要上下相对，在一条与地面的垂直线上，膝盖不得超过脚尖；此势为呼气；目视右掌前方。

左野马分鬃

（1）后坐，翘右脚。（图6-12）

要领提示：重心后移、上体后坐、右脚尖翘起与转体同时进行。后坐时，重心平稳后移，身体不要忽高忽低，上体保持正直。

（2）撇脚微右转，重心前移，收左脚右抱球。（图6-13）

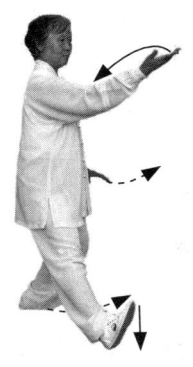

图6-12

图6-13

(3) 身体微左转，出步斜抱球。（图 6-14）

(4) 左转，弓步分靠。（图 6-15）

图 6-14

图 6-15

左野马分鬃（2）（3）（4）与右野马分鬃（2）（3）（4）要领提示相同，唯动作左右相反。

3. 白鹤亮翅

（1）跟半步、中抱球。（图 6-16）

要领提示：抱手要与转体、重心前移、右脚跟进半步协调一致；抱球时，两臂撑圆，腋下含空；右脚跟进时，随转体重心应先平稳移至左腿，右脚跟进要适度，前脚掌着地，不可离左脚太近，重心仍主要在左腿；忌右脚全脚踏实，上体要中正，不可前倾，注意左胯缩回、敛臀；目视左掌。

（2）后坐、右转、摆臂。（图6-17）

要领提示：右掌上挑要以腰的转动来带动，同时与重心后移（坐步）、左脚跟微抬协调一致；重心平稳后移，右腿由虚变实，左脚跟微抬起，左腿由实变虚，上体保持中正；眼随手走。

（3）左转，左脚尖前移，虚步亮掌。（图6-18）

图6-16

图6-17

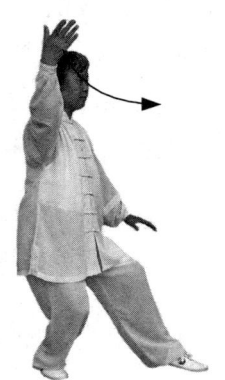

图6-18

要领提示：白鹤亮翅是个对拉拔长的动作，右手向上外撑（掌心向左），左手下采（掌心向下），右手上挑、左掌下按要与转体、左脚尖微前移前脚掌着地协调一致；定势时，上体不可前俯后仰、挺胸、顶胯或凸臀，右脚尖外撇 45°~60°，膝盖与脚尖同一方向，左脚尖指向正前方，既不要夹裆也不要敞裆，左腿膝部要微屈；两腿虚实的比例约为 1∶9，即虚腿为 1 分，实腿为 9 分；目平视正前方。

第二组（4~6 式）

4. 左右搂膝拗步

左搂膝拗步

（1）上体微左转，摆臂。（图 6-19）

要领提示：右掌前摆时，不要光抡臂，而不转腰，右掌前摆是在腰的带动下进行的，以腰带臂，前摆不要超过身体中线。

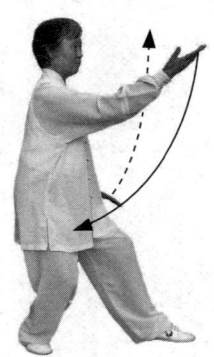

图 6-19

(2) **右转，两手交叉划弧。**（图6-20）

要领提示：两臂两手划弧是在右转腰的带动下进行的。

(3) **收左脚，侧举臂。**（图6-21）

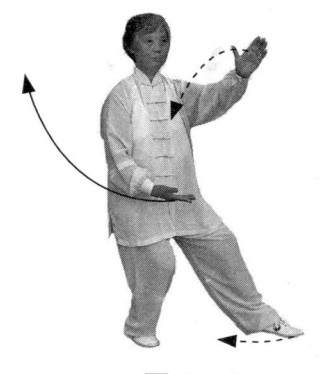 

图6-20　　　　　　　　图6-21

要领提示：两掌划弧，右臂侧举以腰来带动，并与转体、收左脚协调一致；两手走弧线、收左脚时，重心不得升高，下盘支撑要稳，上体中正；眼随手走。

(4) **微左转出步，屈右肘。**（图6-22）

要领提示：右臂屈肘、左手下搂要与转体、左脚上步协调配合；两掌的运行路线是：左掌应从右肩前向下前伸划弧至腹前，右臂屈肘，右掌收至右耳侧，虎口对耳，掌心斜向前，手掌与腕部放松。

(5) 左转,弓步搂推掌。(图 6-23)

图 6-22　　　　　图 6-23

要领提示:此势是拗步推掌,以食指、中指领劲,右掌前推。定势时,两肩松沉、右臂微屈沉肘,右掌虎口撑圆,掌根前顶,沉腕、展掌、舒指,右手要与右脚跟在一条直线上,不可斜推,与"拗步手与足合"的拳论相符合;左掌经左膝前上方搂过,按至左腿外侧(左掌的位置不要太靠后),坐腕、展掌、舒指,做到松腰松胯,上体中正;弓步、搂按与推掌要上下协调一致,同时到位,不可先弓腿后推掌或者先推掌后弓腿;两脚之间的横向距离约 30 厘米。

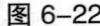

(1) 后坐翘左脚。(图 6-24)

要领提示:上体后坐,重心应向后平移,收胯、敛臀,上体保持中正,并与左脚尖翘起同时到位。

(2) 撇脚微左转。(图6-25)

要领提示：两臂两手划弧是在左转腰的带动下进行的，右掌微左摆也是在腰的带动下并与左脚尖外撇协调一致。

(3) **重心前移，收右脚侧举臂。**(图6-26)

要领提示：两掌划弧，左臂侧举以腰来带动，并与转体、收右脚协调一致；两手走弧线、收右脚时，重心不得升高，下盘支撑要稳，上体中正；眼随手走。

图6-24

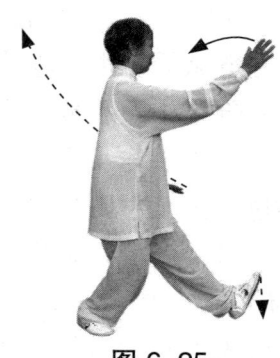

图6-25

图6-26

(4) 微右转出步,屈左肘。(图6-27)

要领提示：左臂屈肘、右手下搂要与转体、右脚上步协调配合；两掌的运行路线是：右掌应从左肩前向下前伸划弧至腹前，左臂屈肘，左掌收至左耳侧，虎口对耳，掌心斜向前，手掌与腕部放松。

(5) 右转，弓步搂推掌。(图6-28)

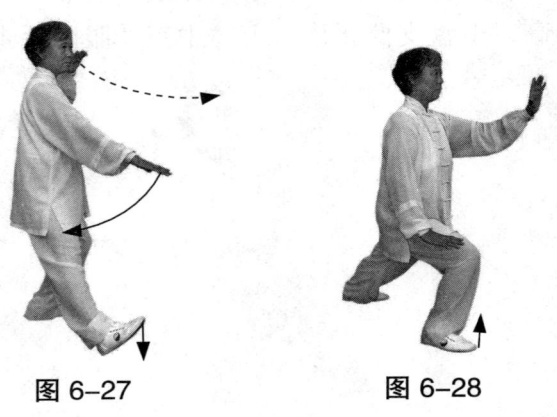

图 6-27　　　　　图 6-28

要领提示：此势是拗步推掌，以食指、中指领劲，左掌前推。定势时，两肩松沉，左臂微屈沉肘，左掌虎口撑圆，掌根前顶，沉腕、展掌、舒指，左手要与左脚跟在一条直线上，不可斜推，与"拗步手与足合"的拳论相符合；右掌经右膝前上方搂过，按至右腿外侧（右掌的位置不要太靠后），坐腕、展掌、舒指，做到松腰松胯，上体中正；弓步、搂按与推掌要上下协调一致，同时到位，不可先弓腿后推掌或者先推掌后弓腿，两脚

六、二十四式太极拳口令词图解及要领一点通

之间的横向距离约 30 厘米。

左右搂膝是一个比较难的动作,此势一定要多加练习,争取做到过渡势子和定势准确到位。

左搂膝拗步

（1）后坐翘右脚。（图 6-29）

（2）撇脚微右转。（图 6-30）

（3）重心前移,收左脚侧举臂。（图 6-31）

图 6-29

图 6-30

图 6-31

35

(4) 微左转出步，屈右肘。（图6-32）
(5) 左转，弓步搂推掌。（图6-33）

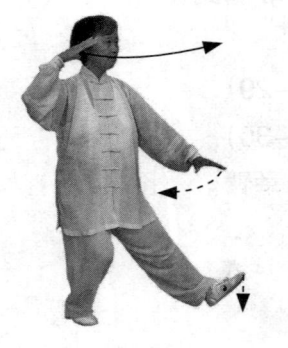

图6-32　　　　　图6-33

左搂膝拗步与右搂膝拗步的要领提示相同，唯动作左右相反。

5. 手挥琵琶

(1) 跟半步、前伸掌。（图6-34）

要领提示：右掌前伸要与转体、重心前移、右脚跟进半步协调一致。右脚跟进时，随转体重心应先平稳移至左腿，右脚跟进要适度，前脚掌着地，不可离左脚太近，约一脚长为宜，重心仍主要在左腿；忌右脚全脚踏实，上体要中正，不可前倾，注意左胯缩回、敛臀。

(2) 后坐、右转、摆臂、回带。（图6-35）

要领提示：左掌前摆、右掌后引要与转体、重心后

移(后坐)、左脚跟提起协调一致;右胯下沉里缩,上体要中正。

(3)上体左转,虚步合掌。(图6-36)

图6-34

图6-35

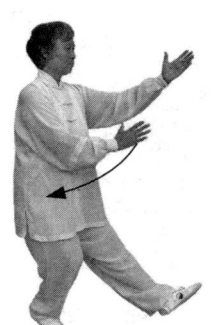

图6-36

要领提示:虚步合掌时,随转体两前臂微外旋,配合呼气,两臂相合并略带前送成侧立掌,左掌与鼻相对，右掌与左肘相对；松肩垂肘，松腰松胯，上体中正，不要挺胸与凸臀；两臂两掌合力前送时，忌两肘相夹或剎臂。

两臂两掌相合要与转体、左脚稍前移、脚跟着地协调一致，同时到位；目视左掌。

6. 左右倒卷肱

右倒卷肱

（1）微右转撤手。（图6-37）

要领提示： 右掌翻转划弧后撤要与转体协调一致。

（2）右手划弧，侧后举臂。（图6-38）

图6-37

图6-38

要领提示： 右手右后划弧侧后举要以右转腰来带动，要与转体协调一致；一手侧后平举时，左右两臂的夹角约135°，忌两臂成一条直线。

(3) 翻掌微左转。（图 6-39）

要领提示：两掌翻转要与转体协调一致；眼随转体先侧看，再转向前看。

(4) 屈右肘提左脚。（图 6-40）

要领提示：提脚、屈臂要与转体协调一致，左腿屈膝、左脚轻提时，脚尖自然下垂，以不超过右脚踝骨的高度为宜，重心仍在右腿。

(5) 退步前推掌。（图 6-41）

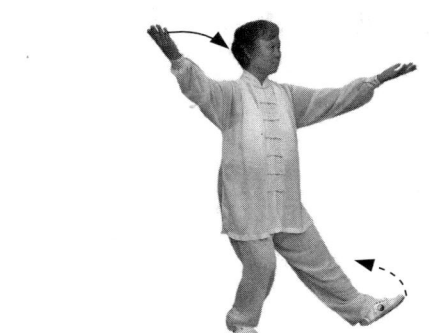

图 6-39

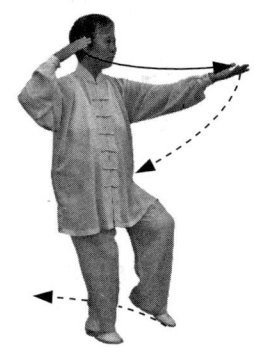

图 6-40

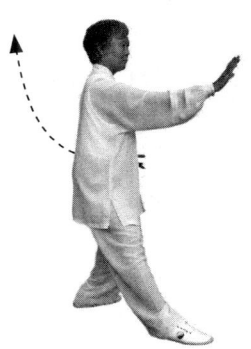

图 6-41

要领提示：退步时前脚掌应先着地，然后重心后移，左脚跟内收慢慢踏实，右脚以脚掌为轴将脚扭正；推掌、撤手要与退步、后坐、左脚跟内收、右脚调正同时进行，推掌、撤手应走弧线，两掌在体前交错一推一撤协调配合，速度均匀，到位时右手要坐腕、展掌、舒指，沉肩垂肘，松腰沉胯；在退步的过程中，重心仍在右腿，左脚要点起点落、轻起轻落，重心不要忽高忽低、上下起伏，身体不可前俯后仰、左右歪斜；倒卷肱定势为一手前推、一手收至腰侧；目视右掌。

左倒卷肱

（1）左转，左手划弧侧举臂。（图 6-42）

（2）翻掌微右转。（图 6-43）

图 6-42

图 6-43

(3）屈左肘提右脚。（图6-44）
(4）退步前推掌。（图6-45）

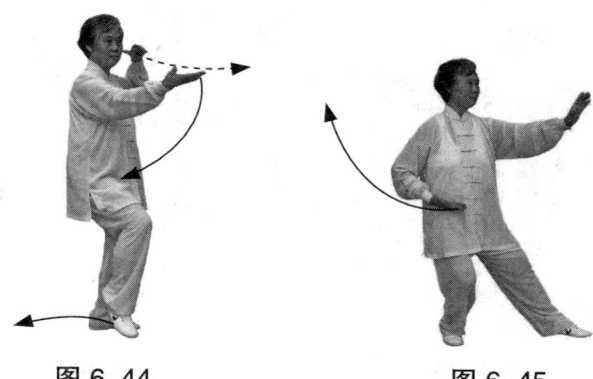

图6-44　　　　　　　图6-45

左倒卷肱的（1）～（4）动与右倒卷肱的（2）～（5）动的要领提示相同，唯动作左右方向相反。

右倒卷肱

(1）右转，右手划弧侧举臂。（图6-46）
(2）翻掌微左转。（图6-47）

图6-46　　　　　　　图6-47

(3) 屈右肘提左脚。（图 6-48）

(4) 退步前推掌。（图 6-49）

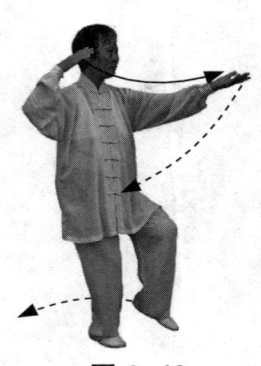
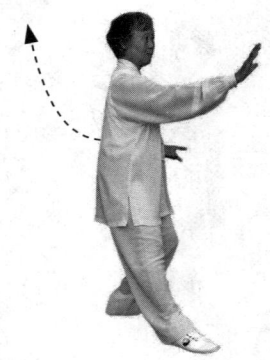

图 6-48　　　　　　　图 6-49

此势的（1）~（4）动与第一个右倒卷肱的（2）~（5）动的要领提示相同。

左倒卷肱

(1) 左转，左手划弧侧举臂。（图 6-50）

(2) 翻掌微右转。（图 6-51）

图 6-50　　　　　　　图 6-51

(3) 屈左肘提右脚。（图6-52）

(4) 退步前推掌。（图6-53）

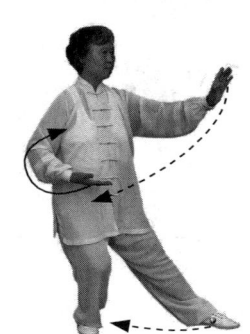

图6-52　　　　　　　图6-53

左倒卷肱的（1）～（4）与第一个右倒卷肱（2）～（5）动的要领提示相同，唯动作左右方向相反。

第三组、第四组（7～11式）

7. 左揽雀尾

（1）微右转，收左脚右抱球。（图6-54）

要领提示：右手由腰侧向右后上方划弧，左手由体前划弧下落，两掌上下相对成抱球状要与转体、收左脚协调一致。

（2）微左转，出步斜抱球。（图6-55）

图 6-54　　　　　图 6-55

要领提示：两臂微内合要与转体、左脚前上同步；左脚出步时，右腿屈膝，左脚经右踝骨内侧向左前方迈出，重心仍在右腿，避免重心过早前移使左脚像砸夯似的落地。

(3) 左转，弓步前掤。（图 6-56）

要领提示：弓步前掤时，力在左前臂外侧，两肩松沉，臂呈半圆形，两臂有向外膨胀之意；此势的步型是顺弓步，弓步的横向距离约 10 厘米，上体正直，松腰松胯，重心平稳前移；左臂前掤要与转体、重心前移成左弓步协调一致，左膝和左脚尖与地面成一垂直线。

(4) 腰微左转，翻掌前伸。（图 6-57）

要领提示：翻掌前伸要以腰为轴，边转腰边翻掌边前伸，两掌心斜相对；忌向上撩掌。

（5）后坐、右转、后捋。（图 6-58）

要领提示：两掌后捋要与转体、重心后移、后坐协调一致。后坐、后捋时，两臂、两掌随转腰而动，要走弧线，右手的位置在右侧后上方 45°方向，上体不可后仰，右腿屈膝，膝部微外开，右胯根要向里缩，松腰沉胯。

（6）微左转搭手。（图 6-59）

图 6-56

图 6-57

图 6-58

图 6-59

要领提示：搭手要与转体协调配合，应边向左转体边搭手，右手收回向前搭于左腕内侧，两臂要撑圆。

(7) 弓步前挤。（图6-60）

要领提示：弓步前挤时，膝盖不要超过脚尖，两肩松沉，两臂撑圆，力点在前手、前臂，松腰松胯，上体中正，不可前俯或凸臀。

(8) 右手前穿，两手翻掌心向下。（图6-61）

要领提示：右手经左腕上方向前穿出,两掌心同时翻转向下。

(9) 分手后坐，翘脚回引。（图6-62）

图6-60

图6-61　　　　　　　图6-62

要领提示：两手向左右分开与肩同宽，回引时要以肘带手屈肘回引，上体不可挺腹或后仰，要松腰坐胯，后腿放松屈膝，上体中正；回引要与重心后移、右腿屈膝后坐和左脚尖翘起协调一致。

（10）两掌下沉至腹前。（图6-63）

要领提示：重心不变，两掌经胸前向下收至腹前，掌心斜向下，缩胯、敛臀。

（11）弓步前推按。（图6-64）

图6-63　　　　　　图6-64

要领提示：弓步前推按时两掌由下向上、向前推按划弧线，不可直推，两手之间的距离与肩同宽，力点在两掌，到位时坐腕、舒指。松腰松胯、敛臀、上体中正，不可前俯后仰；目视两掌前方。

掤、挤、按要与弓腿协调配合，回捋和回引要与屈膝后坐协调配合，掤、捋、挤、按均要以转腰来带动。

8. 右揽雀尾

（1）后坐扣脚，右转、分手。（图6-65）

要领提示：右掌向右平划要与转体、重心后移、左脚尖内扣协调一致；注意左手不可随转体向右摆动，左脚尖尽量内扣。

（2）重心左移，收右脚抱球。（图6-66）

图6-65　　　　　　　　图6-66

要领提示：抱球要与转体、重心左移、左腿屈膝、收右脚协调一致。

（3）微右转，出步斜抱球。（图6-67）
（4）右转，弓步前掤。（图6-68）

六、二十四式太极拳口令词图解及要领一点通

(5) 腰微右转,翻掌前伸。(图 6-69)
(6) 后坐、左转、后捋。(图 6-70)

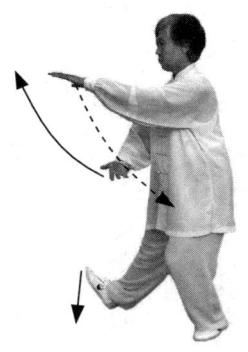

图 6-67

图 6-68

图 6-69

图 6-70

(7) 右转搭手。（图6-71）
(8) 弓步前挤。（图6-72）
(9) 左手前穿，两手翻掌心向下。（图6-73）
(10) 分手后坐，翘脚回引。（图6-74）

图6-71

图6-72

图6-73

图6-74

(11) 两掌下沉至腹前。（图6-75）

(12) 弓步前推按。（图6-76）

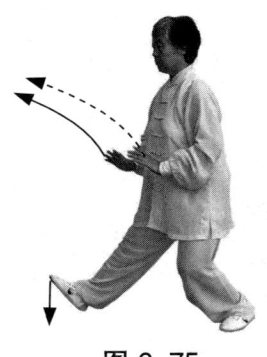

图6-75　　　　　　　　图6-76

右揽雀尾（3）~（12）与左揽雀尾（2）~（11）要领提示相同，唯动作左右方向相反。

9. 单鞭

(1) 后坐、扣脚、左转、划弧。（图6-77）

要领提示：两臂交叉运转（左手经头前向左划弧，右手经腹前向左划弧）要与转体、重心左移、右脚尖内扣协调一致。动作转换时，要松腰沉胯，左胯根收缩，左腿屈膝，右脚尖内扣约90°；以腰带动两臂运转，左胯勿上顶，重心平稳左移，上体保持中正。

(2) 重心右移，两手交叉划弧。（图6-78）

要领提示：两手划弧（右手经头前向上、向右划弧，左手向下、向右划弧）要与转体、重心右移、右腿屈膝协调配合；重心平移于右腿。

(3) 收左脚，右掌变勾。（图6-79）

图6-77

图6-78

图6-79

六、二十四式太极拳口令词图解及要领一点通

要领提示：右手变勾要与重心右移、右腿屈膝、收左脚同步，重心向右平移不要升高，上体要中正；右掌做勾手时，屈腕，五指捏拢，勾尖向下，腕部不要绕转腕花。

（4）左转出步，左手平捋。（图6-80）

要领提示：左手应从右腕处随转体出步经面前弧形缓缓向左平捋，重心不要过早前移，忌抢步，出步的方向是左前方（正东偏北）；眼随手走。

（5）弓步前推掌，蹬右脚。（图6-81）

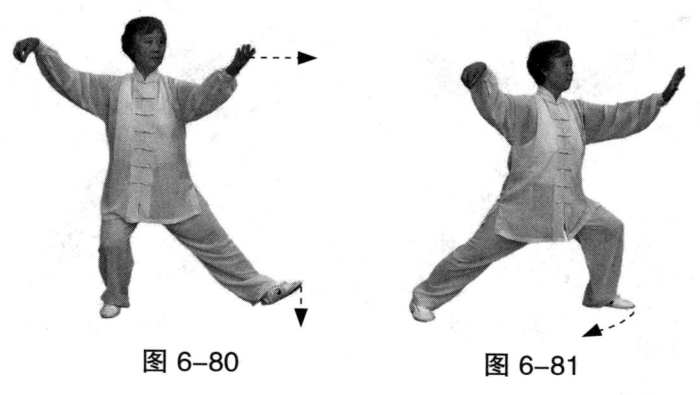

图6-80　　　　　　　图6-81

要领提示：左掌前推要与转体、重心前移、蹬右脚成左弓步上下协调一致；左掌应随转体以左前臂的旋转来带动，边移动边翻转边前推，到位时要松腰松胯，沉气，左臂微屈，沉肩、沉腕、展掌、舒指，力在掌根；左手指尖对鼻，左肘与左膝、左脚尖上下相对，右勾手

微后撑；定势时，蹬右脚成45°，两脚脚跟之间的横向距离约10厘米。

10. 云手

(1) 后坐翘左脚。（图6-82）

要领提示：动作转换时，重心后移，随转体松腰沉胯，右脚跟内收，左脚尖翘起微内扣；忌右胯上顶。

(2) 右转扣脚，摆臂、松勾。（图6-83）

图6-82

图6-83

要领提示：左手右划、右勾手变掌要与转体、左脚尖扣正同步，上下协调一致；左手的运行路线是左手向下、向右经腹前划弧至右肋前，掌心向内。

(3) 左转腰，弧形云手。（图6-84）

要领提示：以腰为轴带动两臂、两手在体前交叉划弧并与转体、重心左移协调一致。

(4)并右脚翻掌。(图6-85)

要领提示:两掌翻转要与收右脚成并步协调一致;两腿屈膝半蹲,两脚平行向前,相距约10厘米成并步。

(5)右转腰,弧形云手。(图6-86)

要领提示:以腰为轴带动两臂、两手在体前交叉划弧并与转体、重心右移协调一致。

(6)横开步翻掌。(图6-87)

图6-84

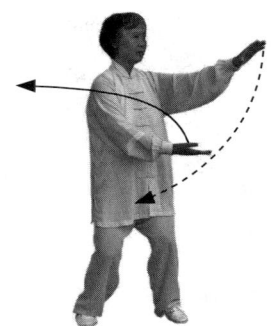

图6-85

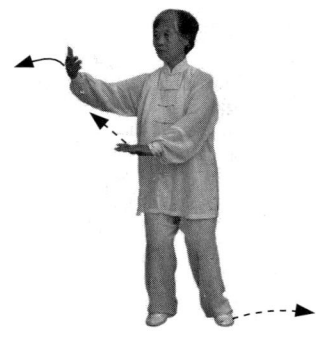

图6-86

图6-87

要领提示:两掌翻转要与左脚横开协调一致。

(7) 左转腰,弧形云手。(图6-88)

(8) 并右脚翻掌。(图6-89)

(9) 右转腰,弧形云手。(图6-90)

(10) 横开步翻掌。(图6-91)

图6-88

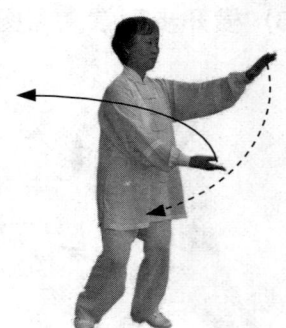

图6-89

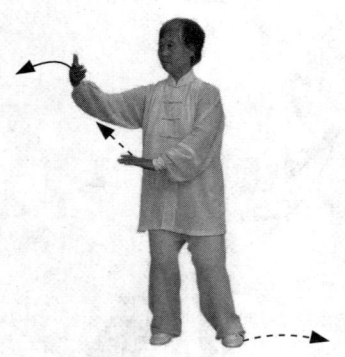

图6-90

图6-91

(11) 左转腰，弧形云手。（图6-92）
(12) 并右脚翻掌。（图6-93）

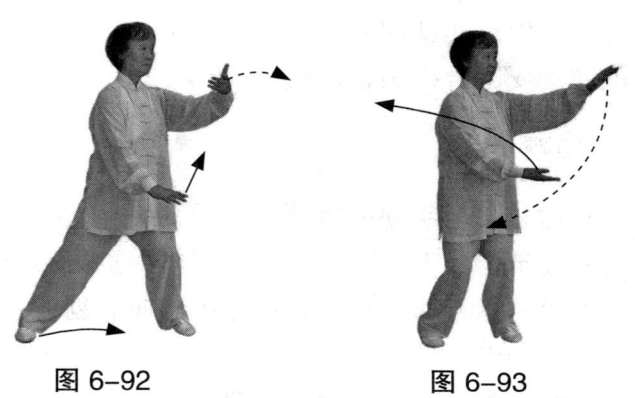

图6-92　　　　　　　图6-93

要领提示：整个云手动作要以腰为轴，用腰的转动带动两臂、两手在体前左右划立圆。手臂经面前划弧时，臂要撑圆，肘微垂，不折腕，上边的手高不过眉、下边的手低不过裆，肘微屈，臂圆活；两手边云边翻掌，翻掌时要旋臂、展掌、舒指，眼随手走，不可机械地光抡手不转腰。

重心的移动、转腰和手的云转三者要同一方向，协调配合，同时到位，做到不夹臂、不扬肘；忌腰与手异向，造成身体歪扭不协调。

云手并步时，步型是小开步，两脚尖均向前，两脚之间的距离约10厘米；忌八字脚。

云手的步法是侧行步，要做到点起点落、轻起轻落；在左右云手的过程中要有一个马步过渡，上体要中正，不可前俯后仰或左右歪斜；两脚的虚实要分明，两臂的旋转和脚步的移动要轻柔渐进，不可忽快忽慢，忽高忽低，应保持速度均匀、重心左右平移；手、眼、步与腰的转动要配合协调，做到神形兼备。

11. 单鞭

（1）右转，两手划弧运转。（图6-94）

要领提示：两手交叉划弧要与转体、重心右移协调配合。两手的运行路线是：右手经头前向右划弧，左手向下、向右划弧。

（2）收左脚，右掌变勾。（图6-95）

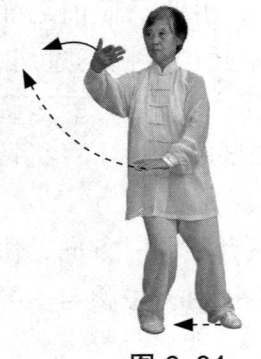
图6-94

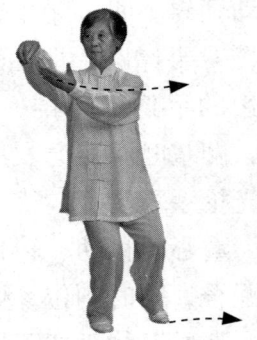
图6-95

(3) 左转出步，左手平捋。（图 6-96）
(4) 弓步前推掌，蹬右脚。（图 6-97）

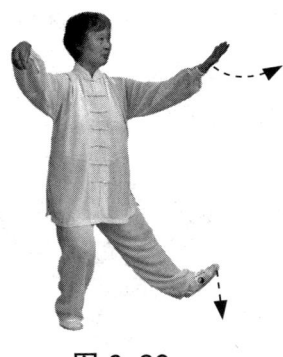

图 6-96

图 6-97

单鞭（2）～（4）的要领提示与第 9 式单鞭的（3）～（5）相同。

第五组、第六组（12～17式）

12. 高探马

（1）跟半步前伸掌。（图 6-98）

要领提示：右脚跟半步要与重心前移同步，前脚掌距左脚跟约一脚长。

（2）后坐、右转、勾变掌。（图 6-99）

要领提示：两肘微屈前后平举要与转体、重心后移、右腿屈膝后坐、左脚跟微提上下协调一致,上体保持中正。

(3) 微左转,翻掌平举。(图6-100)

要领提示:两前臂外旋翻掌平举要与转体协调一致。

(4) 左转,虚步推掌。(图6-101)

图6-98

图6-99

图6-100

图6-101

六、二十四式太极拳口令词图解及要领一点通

要领提示：此势是左拗虚步推掌。右掌前推、收左掌要与转体、左脚前移脚尖点地成左拗虚步协调一致；两肩松沉，右掌前推，臂舒直（臂直中有屈）沉肩、肘微屈，左臂向后下方沉带横肘、左手收至腹前，掌心向上。定势时，松腰沉胯，立身中正；忌重心升高、俯身与凸臀。

13. 右蹬脚

（1）微右转，提膝穿左掌。（图6-102）

要领提示：穿掌要与转体、左小腿提起协调一致；左掌经右手背上方向右前方穿出要走弧线，两手背相对，两臂微屈。

（2）左转，出步翻掌。（图6-103）

要领提示：左手翻转要与转体、左脚前上脚跟着地协调一致。

图6-102

图6-103

(3) 弓步、两手分开。（图6-104）

要领提示：弓步与分掌要协调配合。

(4) 收脚合抱。（图6-105）

要领提示：两掌合抱要与腰微右转、收右脚脚尖点地协调一致，同时进行；合抱时，两手经面前向腹前划弧相交合抱，举至胸前，右掌在外，两臂撑圆。

(5) 提膝、蹬脚分掌。（图6-106）

图6-104

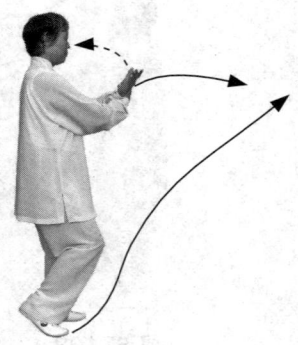

图6-105

图6-106

要领提示：蹬脚时，右脚边勾边屈右腿再蹬直，力点在脚跟，方向为右前方约 30°；两手边划弧边翻掌边外撑，此时为呼气；提膝蹬脚、分掌要同时进行，同时到位。定势时，两肩松沉，两肘微屈，右掌沉腕、舒指；支撑腿膝部稍微屈，保持重心稳定；右臂与右腿同一方向，上下相对，不可交错；要立身中正，不可弯腰探头，眼看右手。

14. 双峰贯耳

（1）收腿并手。（图 6-107）

要领提示：收腿与并手要协调一致，两臂微屈，肘微垂，两手与肩同高、同宽，右脚尖自然下垂；下盘要稳，不可左右摇晃。

（2）两手下落至右膝两侧。（图 6-108）

要领提示：两掌划弧要并行落于右膝两侧，掌心向上。

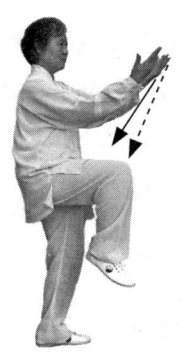

图 6-107

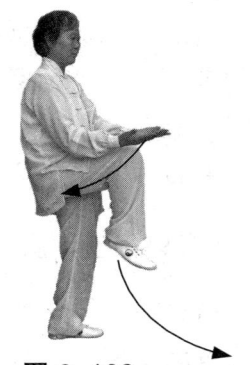

图 6-108

(3) 屈膝出步，落手握拳。（图 6-109）

要领提示：右脚下落前迈时，左腿要屈膝，适当降低重心，以保证右脚平稳落地；两臂下划、两手握拳分落于两胯旁要与左腿屈膝和右脚向右前方上步、脚跟着地协调一致。

(4) 弓步双贯拳。（图 6-110）

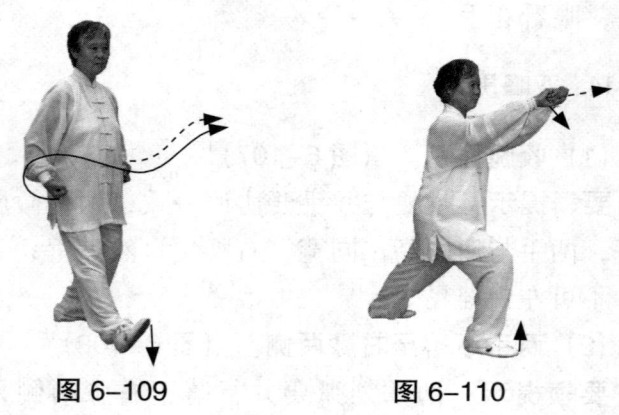

图 6-109　　　　　图 6-110

要领提示：贯拳与弓步协调一致。贯拳时，松腰松胯、沉肩、两臂呈弧形，两肘向两侧外开并下垂，两拳眼斜向下，力点在拳面，两拳高与太阳穴平；忌俯身、凸臀、架肘、耸肩、低头、弯腰，贯拳方向与右蹬脚的方向一致（右斜前方 30°）。

15. 转身左蹬脚

(1) 后坐、翘脚、拳变掌。（图 6-111）

要领提示：两拳变掌要与后坐、右脚尖翘起协调配合；松肩垂肘，坐胯敛臀，重心不得升高。

（2）微左转，扣右脚分掌。（图6-112）

要领提示：两掌分举、转体、扣右脚三者要协调一致。

（3）左转，收脚合抱。（图6-113）

要领提示：两手合抱、转体、重心右移后坐、收左脚四者同步，协调一致；身体后坐时，收胯敛臀，上体保持中正。

（4）提膝、蹬脚分掌。（图6-114）

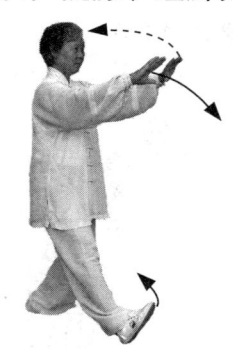

图6-111

图6-112

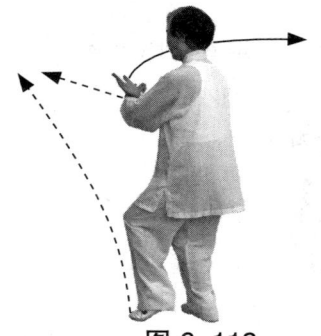

图6-113

图6-114

转身左蹬脚（4）与右蹬脚（5）要领提示相同，唯动作左右方向相反。

16. 左下势独立

（1）右转，左腿屈收摆臂，右掌变勾。（图6-115、图6-115附图）

要领提示：右掌变勾，左掌右摆要与转体、左腿屈收协调配合，重心仍在右腿；勾手的方向是右侧前方约45°。

（2）屈膝落手，伸左腿。（图6-116）

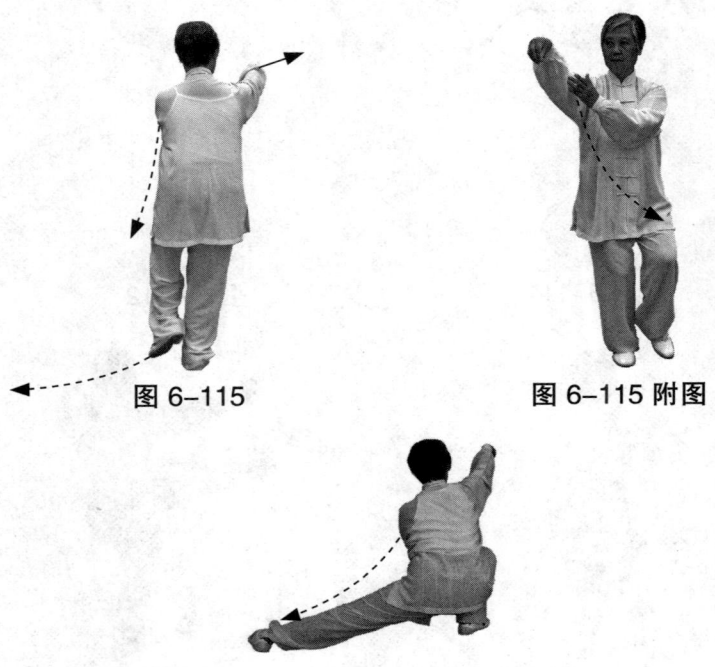

图6-115　　　　　图6-115附图

图6-116

要领提示：左掌下落要与右腿屈膝半蹲、左腿伸直平铺协调一致；左脚应以前脚掌内侧贴地向左擦出，脚尖尽量内扣，全脚逐渐踏实。

（3）左转，仆步前穿掌。（图6-117）

要领提示：仆步时，左脚尖内扣，右脚需全脚踏实，右膝与右脚尖同一方向，左脚脚尖与右脚脚跟在同一条直线上，不要过宽过窄，忌凸臀、塌腰，上体前俯。穿掌时，上体左转，左手一边向外翻掌一边经腹前顺着左腿内侧、掌心向外、指尖向前穿出，力点在指尖；转体与穿掌动作要协调一致。

（4）撇左脚、扣右脚、弓步挑掌后勾手。（图6-118）

图6-117

图6-118

要领提示：挑掌、后勾手要与重心前移、左脚尖外撇、左腿屈膝前弓、右脚尖内扣、成左弓步上下协调一致；挑掌，力点在掌的拇指一侧，左臂与左膝上下相对，上体中正，不可前俯。

(5) 撇左脚，提膝、独立上挑掌。（图6-119）

要领提示：左腿独立、右膝提起、右手上挑、左手下按要同时进行、同时到位，右肘与右膝上下相合，立身中正；重心充分前移，以右掌向前上挑带动右腿轻轻提起。

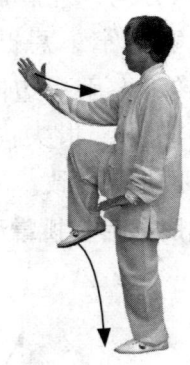

图6-119

17. 右下势独立

(1) 落右脚、左转、右手左摆。（图6-120）

要领提示：以腰带身左转，右脚掌落于左脚右前方约20厘米处，两脚成内八字步，右手随左转弧形左摆，重心在左腿。

(2) 碾左脚，左手提勾。（图6-121）

要领提示：左手变勾上提、右手左摆、碾左脚

（左脚以脚掌为轴随之扭转）三者要协调一致；左脚尖的方向是左侧前方 20°~30°，便于做右仆步，重心仍在左腿。

（3）屈膝落手、伸右腿。（图 6-122）

（4）右转，仆步前穿掌。（图 6-123）

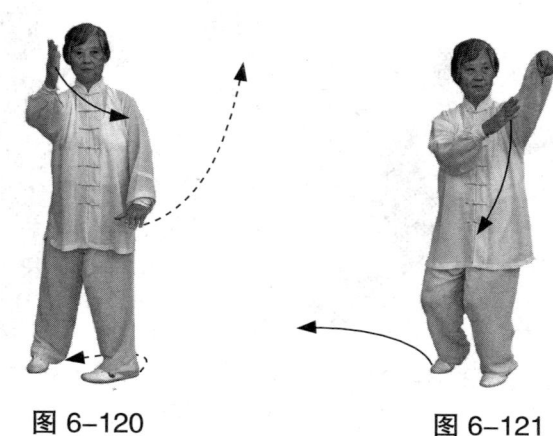

图 6-120　　　　　　　　　图 6-121

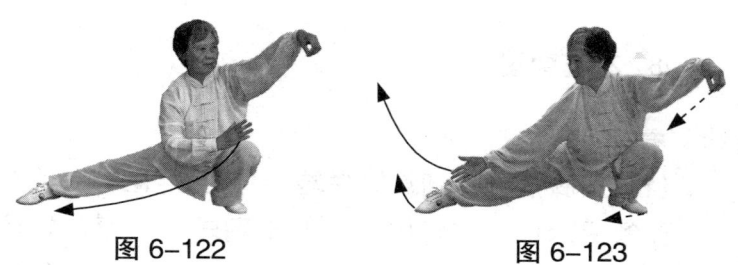

图 6-122　　　　　　　　　图 6-123

（5）撇右脚、扣左脚、弓步挑掌后勾手。（图6-124）

（6）撇右脚，提膝、独立上挑掌。（图6-125）

右下势独立（3）~（6）动与左下势独立（2）~（5）动的要领提示相同，唯动作左右相反。

图6-124

图6-125

第七组（18~20式）

18. 左右穿梭

右穿梭

（1）屈膝落脚、翻掌微左转。（图6-126）

要领提示：左前臂内旋，左掌翻转向下要与转体、右腿屈膝、左脚左前落步脚跟着地协调一致，同时到位。

（2）重心前移，收脚左抱球。（图 6-127）

要领提示：抱球要与转体、重心前移、收右脚协调一致。

（3）微右转出步，两手对拉。（图 6-128）

要领提示：以腰带臂、带手，右掌前上、左掌后下交错对拉要与右脚上步脚跟着地协调一致；右脚向前上步的方向是右斜前方约 30°。

（4）右转，弓步架推掌。（图 6-129）

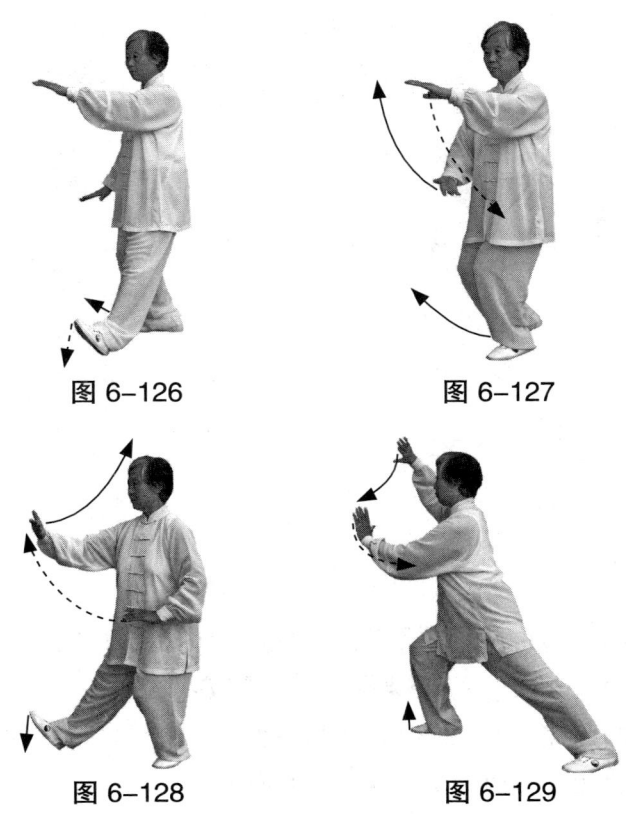

图 6-126　　　　　　图 6-127

图 6-128　　　　　　图 6-129

要领提示：右掌上撑、左掌前推要与转体、重心前移成右弓步协调一致，弓步的方向是右斜前方约30°，弓步与架推方向一致。穿梭定势是拗弓步推掌，两脚之间的横向距离约30厘米；架推时肩应松沉，松腰松胯，上体中正，忌耸肩、翻肘、身体歪扭。

左穿梭

（1）后坐、翘脚、微左转。（图6-130）

要领提示：两臂自旋，两掌微左划要与转体、重心后移、右脚尖翘起协调一致；上体正直，敛臀。

（2）右转，重心前移，收脚右抱球。（图6-131）

图6-130

图6-131

（3）微左转出步，两手对拉。（图6-132）

（4）左转，弓步架推掌。（图6-133）

左穿梭（2）~（4）动与右穿梭（2）~（4）动的要领提示相同，唯动作左右方向相反。

图 6-132

图 6-133

19. 海底针

（1）右脚跟半步。（图 6-134）

要领提示：右脚随重心前移，向左脚后侧跟进半步，距左脚约一脚长，前脚掌着地。

（2）后坐右转，两手划弧、提右手。（图 6-135）

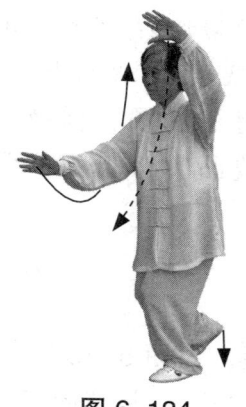
图 6-134

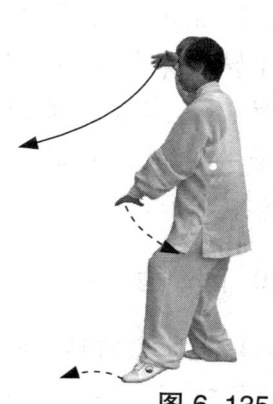
图 6-135

要领提示： 两手划弧，提右手要与转体、重心后移、右脚跟内收、左脚跟离地协调一致；以腰带臂，右手在身体右侧划一立圆提至右耳旁，左手在体前划个半圆至腹前，要松肩垂肘，忌扬肘、耸肩或身体歪斜，右脚跟内收，右脚尖指向右前方约 45°。

（3）左转，虚步搂按、斜插掌。（图6-136）

图 6-136

要领提示： 左手搂按、右手斜插以及虚步形成要以左转腰来带动，同时到位，忌劈掌或向下砍掌；定势时，上体微前倾，但不要过于前倾，保持头颈和躯干的端正，忌低头、弯腰或凸臀，目视右掌斜前下方。

20. 闪通背

（1）上体微右转，收脚上提手。（图6-137）

要领提示： 收脚与上提手同时进行,并与起身、转体协调一致,右手提至胸前,左手指尖贴近右前臂内侧,忌耸肩、吊肘。

(2) 出左步、翻右掌。(图 6-138)

要领提示:右掌上举要与转体、左脚前上脚跟着地协调一致。

(3) 弓步撑推掌。(图 6-139)

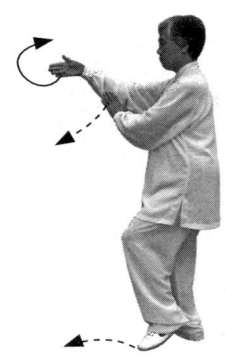

图 6-137

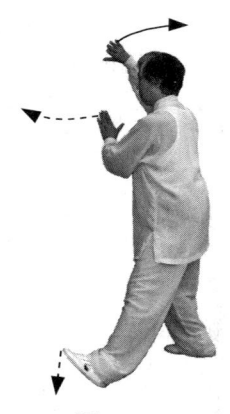

图 6-138

图 6-139

要领提示：左手前推、右手上撑与左弓腿三者要协调一致，腰、腿、臂同时发力，同时到位；闪通背是顺弓步推掌，两脚跟之间的横向距离不可太宽，约10厘米，左肘与左膝上下相对，与"顺步肘与膝合"的拳论相符合；定势时，推掌、撑掌配合呼气，要有一种推撑拉的张力，即左手向前推按、右手上举并有向后引拉的意念；目视左掌前方。

第八组（21～24式）

21. 转身搬拦捶

（1）后坐扣脚，右转摆臂。（图6-140）

要领提示：两手随转体弧形摆动要与重心后移（后坐）、扣左脚协调一致；转体时眼神领先，后腿屈坐，虚实分明，转换轻灵，重心平稳，忌挺膝挺胯，重心升高，上体歪扭。

（2）重心左移，碾脚、落臂握拳。（图6-141）

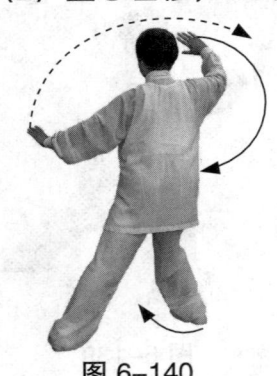
图6-140

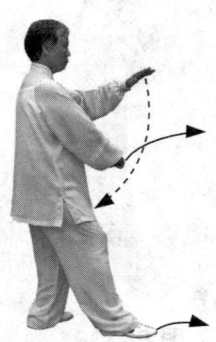
图6-141

六、二十四式太极拳口令词图解及要领一点通

要领提示：左手撑举、右手下落握拳要与转体、重心左移、左腿屈坐、碾右脚协调一致，上下相随；上体要中正，右手握拳收于左肋前，左手撑举于左前方。

（3）右转上步，摆脚、向前搬拳。（图6-142）

要领提示：右拳前搬应以腰带臂，以肘关节为轴前臂翻转撇打；右拳搬压、左手下采与转体、右脚撇脚前迈与脚跟着地上下要协调配合，同时到位；搬拳力点在拳背或腕关节外侧。

（4）重心前移，右转、翻拳划弧。（图6-143）

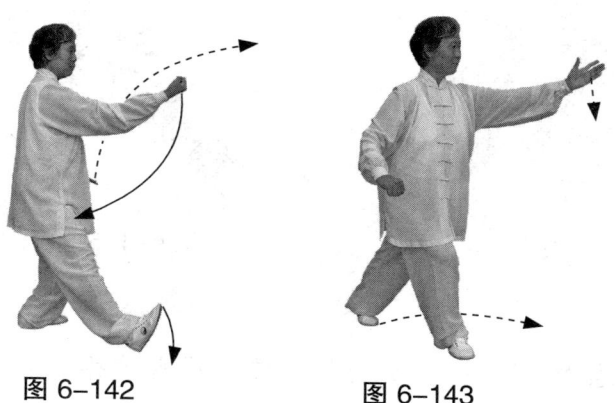

图6-142　　　　　图6-143

要领提示：收右拳、左手前划要与转体、重心前移、左脚跟提起同步，上体中正不可前探；右拳应随转体边内旋、边划弧、边屈臂划至右腰外侧，到位时右臂半屈，拳心向下。

(5) 上步拦掌。（图6-144）

要领提示：翻拳、拦掌要与转体、重心前移、左脚前上脚跟着地协调一致；左掌前拦，应在转腰的带动下边外旋、边划弧、边内旋、边前拦，力点在掌指和掌心，肘微屈，右拳外旋收至右腰间，拳心翻向上。

(6) 左弓步打拳。（图6-145）

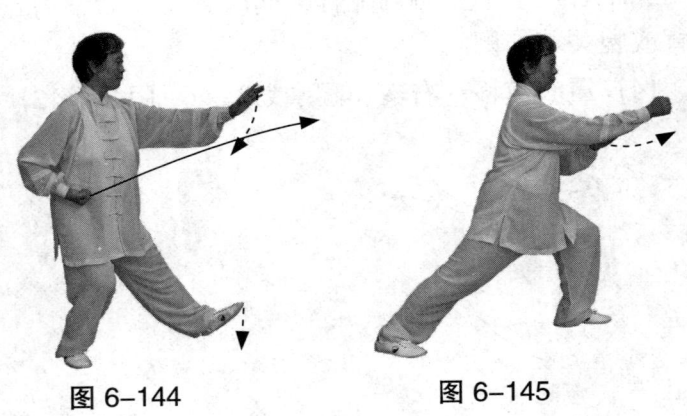

图6-144　　　　图6-145

要领提示：打拳要与转体、重心前移、左腿屈膝成弓步协调一致。打拳时，右拳由腰间边旋转边向前打出，拳心向左，拳眼向上，力点在拳面，拳高与胸平，左掌指附于右前臂内侧；弓步时，两脚之间的横向距离约10厘米，上体保持中正，松腰松胯，敛臀。

22. 如封似闭

（1）左手翻掌前穿，松右拳，两掌心向上。（图6-146）

要领提示：左手翻掌心向上、经右前臂下向前穿出、与右拳变掌要同时进行，上体保持中正。

（2）分手后坐，翘脚回引。（图6-147）

图 6-146

图 6-147

要领提示：分手、后坐、翘脚、回引要同时进行同时到位；回引时，以肘带手屈肘旋臂边分边回引，含胸缩胯，屈腿后坐，上体中正，两臂不可上卷，两肘不可夹肋，后坐时不可顶胯或后仰。

（3）两掌下沉至腹前。（图6-148）

要领提示：重心不变，两肘下沉，两掌下按至腹前，掌心斜向下。

(4) 左弓步前推按。（图6-149）

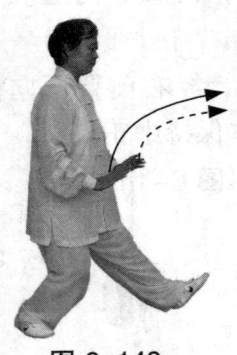
图6-148

图6-149

要领提示：弓步前推按时，要松腰松胯，上体中正，重心向前平移，两掌向上、向前推出要划弧线，宽度不要超过肩宽，到位时两臂直中有屈，肘微垂，沉腕、展掌、舒指；目视两手前方。

23. 十字手

(1) 后坐、扣脚、右转摆臂。（图6-150）

要领提示：右掌右摆要与转体、重心右移、右腿屈坐、左脚尖内扣同步，上下协调一致，上体保持中正，左脚尖的方向是预备势的方向，重心平移右腿，右胯要里缩。

(2) 撇脚，侧弓步分掌。（图6-151）

要领提示：右掌右摆要与撇右脚、右腿屈弓成右侧

六、二十四式太极拳口令词图解及要领一点通

弓步协调一致；分掌两臂平举时，身体不可前倾，上体要中正、松腰、沉胯、敛臀，此势重心仍在右腿，右脚尖的方向是右斜前方。

（3）**重心左移，两掌下沉，扣右脚。**（图6-152）

要领提示：两掌下落划弧要与重心左移、左腿屈弓、右脚尖内扣成左侧弓步同时进行，同时到位，上体仍需保持中正。

（4）**收脚、合抱。**（图6-153）

图6-150

图6-151

图6-152

图6-153

要领提示：两手向下划弧在腹前交叉，抱举于胸前，两腕交叉相叠，两臂撑圆，右掌在外，两掌心均向内，上体保持中正，沉肩垂肘，重心在两腿之间；两手合抱时，身体不可前俯、低头、弯腰或凸臀，要立身中正。

24. 收势

（1）翻掌，两掌平分。（图6-154）

要领提示：两臂内旋、两掌边翻转边前伸并向左右分开，与肩同宽、同高，速度应均匀，两肩松沉，两臂直中有屈，肘微垂。

（2）垂臂，两手下落。（图6-155）

图6-154

图6-155

要领提示： 两掌下落时要松肩垂臂，以臂带手缓缓下落于大腿外侧，掌心向内，指尖向下；腋下含空，两臂不可僵直。

(3) 并步还原。（图 6-156）

图 6-156

要领提示： 左脚轻轻提起向右脚并拢，前脚掌先着地，随之全脚踏实，两脚尖皆向前，恢复成预备姿势；收左脚时，要做到"点起点落""轻起轻落"。整个收势过程应全身放松，但不可松懈，要气沉丹田，呼吸顺畅，做到体静气和，心旷神怡，精神饱满，舒适自然。

收势后，不要马上走动，待呼吸完全平稳后再离开原地。

七、四十二式太极拳简介

  四十二式太极拳是原国家体委武术研究院，组织太极拳专家继创编二十四式、四十八式太极拳之后又一套既适合健身锻炼，又可在同等条件下进行比赛的套路。
  这套太极拳内容充实，布局合理，中正安舒，柔和缓慢，刚柔相济，轻灵稳健；动作舒展大方，外形圆活潇洒，习练起来神形兼备，似行云流水连绵不断，给人以美的享受。

八、四十二式太极拳拳术名称

第一段

1. 起势
2. 右揽雀尾
3. 左单鞭
4. 提手
5. 白鹤亮翅
6. 搂膝拗步（二）
7. 撇身捶
8. 捋挤势（二）
9. 进步搬拦捶
10. 如封似闭

第二段

11. 开合手
12. 右单鞭
13. 肘底捶
14. 转身推掌（二）
15. 玉女穿梭（二）
16. 右左蹬脚
17. 掩手肱捶
18. 野马分鬃（二）

第三段

19. 云手
20. 独立打虎
21. 右分脚
22. 双峰贯耳
23. 左分脚
24. 转身拍脚
25. 进步栽捶
26. 斜飞势
27. 单鞭下势
28. 金鸡独立
29. 退步穿掌

第四段

30. 虚步压掌
31. 独立托掌
32. 马步靠
33. 转身大捋
34. 歇步擒打
35. 穿掌下势
36. 上步七星
37. 退步跨虎
38. 转身摆莲
39. 弯弓射虎
40. 左揽雀尾
41. 十字手
42. 收势

九、四十二式太极拳口令词

第一段（1～10式）

1. 起势

（1）两脚并拢，松静站立。
（2）重心右移，左脚向左开半步，与肩同宽。
（3）两掌心向下，两臂缓缓向前平举，与肩同高。
（4）屈膝，两手下按至腹前。

2. 右揽雀尾

（1）撇脚，微右转。
（2）重心右移，收脚右抱球。
（3）上体微左转，出步斜抱球。
（4）左转，弓步前掤。
（5）微左转，收脚左抱球。
（6）微右转，出步斜抱球。
（7）右转，弓步前掤、蹬左脚。
（8）微右转，翻掌前伸。
（9）后坐，左转回捋。
（10）右转搭手。

(11) 弓步前挤。
(12) 两手前送,后坐翘脚,右转划平圆。
(13) 左转,扣脚旋掌。
(14) 重心右移,收脚,丁步斜按掌。

3. 左单鞭

(1) 右掌变勾手。
(2) 微左转出步,左手平捋。
(3) 弓步推掌,蹬右脚。

4. 提手

(1) 后坐、扣脚,右转、摆臂。
(2) 勾变掌,重心左移,转腰平带。
(3) 右转,虚步合掌。

5. 白鹤亮翅

(1) 左转,扣脚、回捋。
(2) 撤步中抱球。
(3) 后坐,右转、摆臂。
(4) 左转,虚步亮掌。

6. 搂膝拗步（二）

(1) 上体微左转,摆臂。
(2) 右转,两手交叉划弧。
(3) 收左脚、侧举臂。

(4) 微左转出步，屈右肘。
(5) 左转，弓步搂推掌。
(6) 后坐，翘左脚。
(7) 撇脚、微左转。
(8) 重心前移，收右脚侧举臂。
(9) 微右转出步，屈左肘。
(10) 右转，弓步搂推掌。

7. 撇身捶

(1) 后坐，翘脚。
(2) 右转，撇脚分掌。
(3) 重心前移，收左脚，左手握拳、合手。
(4) 微左转，出步举拳。
(5) 左转，弓步撇打。

8. 捋挤势（二）

(1) 松拳、后坐，翘脚、右转体。
(2) 扣脚，弓步穿抹，微右转。
(3) 收脚回捋。
(4) 出步搭手。
(5) 弓步前挤。
(6) 后坐翘脚，左转伸掌。
(7) 扣脚，弓步穿抹，微左转。
(8) 收脚回捋。
(9) 出步搭手。

(10) 弓步前挤。

9. 进步搬拦捶

(1) 后坐、伸掌、翘脚。
(2) 撇脚、弓步穿分掌。
(3) 收脚,右手握拳。
(4) 右转、出步摆脚、向前搬拳。
(5) 重心前移,右转、翻拳划弧。
(6) 上步拦掌。
(7) 左弓步打拳。

10. 如封似闭

(1) 左掌斜前穿。
(2) 松拳,翻掌心向上。
(3) 分手后坐,翘脚回引。
(4) 两掌下按至腹前。
(5) 跟步双推掌。

第二段 (11~18 式)

11. 开合手

(1) 右转、碾脚、两掌心斜相对。
(2) 扣左脚开手。
(3) 提右脚跟合手。

12. 右单鞭

（1）开步，两掌微前推。

（2）右侧弓步，两手左右分开。

13. 肘底捶

（1）后坐，左转扣脚，撑摆掌。

（2）重心右移，收脚抱球。

（3）微左转，出步分掌。

（4）撇脚，左转划弧。

（5）跟步摆掌。

（6）后坐、穿掌，虚步劈掌。

14. 转身推掌（二）

（1）撤步松拳、侧举掌。

（2）扣脚、碾脚、微屈臂。

（3）左转出步、屈右肘。

（4）跟步搂推掌。

（5）扣脚、碾脚、侧举臂。

（6）右转出步、屈左肘。

（7）跟步搂推掌。

15. 玉女穿梭（二）

（1）右转、撤步、穿伸掌。

(2) 后坐、收脚回捋。

(3) 上右步、搭手掤。

(4) 跟步前摆掌。

(5) 后坐、右转、划平圆。

(6) 左转、旋臂、出右步。

(7) 右转，弓步架推掌。

(8) 后坐翘脚、翻右掌。

(9) 扣脚，弓步穿抹掌。

(10) 收脚回捋。

(11) 出左步、搭手掤。

(12) 跟步前摆掌。

(13) 后坐、左转、划平圆。

(14) 右转、旋臂、出左步。

(15) 左转，弓步架推掌。

16. 右左蹬脚

(1) 后坐、翘脚、摆臂。

(2) 弓步穿分掌。

(3) 提膝合抱。

(4) 蹬右脚分掌。

(5) 落脚翻掌。

(6) 弓步穿分掌。

(7) 提膝合抱。

(8) 蹬左脚分掌。

17. 掩手肱捶

（1）收脚双掩手。

（2）擦脚下按掌。

（3）马步分掌。

（4）右侧弓步掩手。

（5）左弓步冲拳。

18. 野马分鬃（二）

（1）微左转、松拳、塌腕、回捋。

（2）右转体，弓步前掤。

（3）左转，偏马步横挒。

（4）重心右移再左移，划弧成俯掌。

（5）后坐、提左膝、撑托掌。

（6）落脚，左弓步穿靠。

（7）后坐、撇脚、微旋臂。

（8）提膝撑托掌。

（9）落脚，右弓步穿靠。

第三段（19～29式）

19. 云手

（1）后坐扣脚，左转撑摆掌。

（2）重心右移，右转、两手划弧。

(3) 重心左移，左转腰云手。

(4) 并步翻掌。

(5) 右转腰云手。

(6) 横开步翻掌。

(7) 左转腰云手。

(8) 并步翻掌。

(9) 右转腰云手。

(10) 横开步翻掌。

(11) 左转腰云手。

(12) 扣脚翻掌。

20. 独立打虎

(1) 斜撤步穿掌。

(2) 后坐翘脚，左转、两掌划弧。

(3) 提膝架贯拳。

21. 右分脚

(1) 收腿、松拳、合抱。

(2) 分脚分手。

22. 双峰贯耳

(1) 收腿并手。

(2) 两手下落至右膝两侧。

(3) 落脚落掌变拳。

(4) 右弓步双贯拳。

23. 左分脚

(1) 后坐翘脚拳变掌。
(2) 撇脚、右转、分两掌。
(3) 重心前移,收左脚合抱。
(4) 提膝,分脚分手。

24. 转身拍脚

(1) 碾脚,右后转体,扣左脚,两掌心相对。
(2) 碾脚,右转合抱。
(3) 提膝拍脚。

25. 进步栽捶

(1) 落步摆脚,右转摆臂。
(2) 重心前移,上步握拳。
(3) 弓步搂栽捶。

26. 斜飞势

(1) 后坐、翘脚、拳变掌。
(2) 撇脚、左转、分两掌。
(3) 重心前移,收脚合臂。
(4) 出步斜插掌。
(5) 侧弓步分靠。

27. 单鞭下势

（1）重心左移，左转、摆臂、勾手。
（2）屈蹲，仆步前穿掌。

28. 金鸡独立

（1）撇脚、扣脚、弓步挑掌后勾手。
（2）撇脚、提膝、挑掌。
（3）屈膝落脚落掌。
（4）重心左移，提膝挑掌。

29. 退步穿掌

屈膝、撇步、穿按掌。

第四段（30～42式）

30. 虚步压掌

（1）后坐扣脚，转体举臂。
（2）重心左移，移右脚、虚步横压掌。

31. 独立托掌

提膝撑托掌。

32. 马步靠

（1）落步右转，撇脚摆臂。

(2) 收脚举掌，握左拳。
(3) 左转，出步落右手。
(4) 半马步斜靠。

33. 转身大捋

(1) 后坐、翘脚、拳变掌。
(2) 撇脚双旋掌。
(3) 左转、收脚、撑托掌。
(4) 碾脚、左转体。
(5) 撤步、平捋。
(6) 侧弓步滚压肘。

34. 歇步擒打

(1) 重心右移，旋臂、架穿拳。
(2) 摆脚、弓步前伸掌。
(3) 盖步，左握拳。
(4) 歇步下打捶。

35. 穿掌下势

(1) 起身拳变掌。
(2) 收左脚平摆掌。
(3) 右转，摆臂伸左腿。
(4) 屈蹲，两掌指尖向下转摆。
(5) 上体左转，仆步穿左掌。

36. 上步七星

(1) 撇脚、扣脚、弓步挑掌。
(2) 上右脚,虚步十字拳。

37. 退步跨虎

(1) 撤步拳变掌。
(2) 后坐,右转划弧,摆臂。
(3) 左转划弧,丁虚步压掌。
(4) 独立挑掌勾手。

38. 转身摆莲

(1) 落步、扣脚、带摆掌。
(2) 扣脚、穿右掌。
(3) 右后转体,重心左移,碾右脚。
(4) 右转、翻掌、摆臂。
(5) 上体左转,提膝摆拍脚。

39. 弯弓射虎

(1) 提膝摆掌。
(2) 落步,两掌下落。
(3) 右转体,两掌划弧握拳。
(4) 左转,弓步架打捶。

40. 左揽雀尾

(1) 后坐翘脚,拳变掌。

(2) 撇脚，右转体划弧。
(3) 重心前移，收脚抱球。
(4) 出步斜抱球。
(5) 左弓步前掤。
(6) 腰微左转，两臂前送。
(7) 后坐、右转、后捋。
(8) 左转搭手。
(9) 弓步前挤。
(10) 右手前穿，翻掌心向下。
(11) 分掌后坐，翘脚回引。
(12) 两掌下沉至腹前。
(13) 左弓步前推按。

41. 十字手

(1) 后坐扣脚，右转摆臂。
(2) 撇右脚，侧弓步分掌。
(3) 重心左移，两掌下沉，扣右脚。
(4) 收脚合抱。

42. 收势

(1) 翻掌，两掌平分。
(2) 垂臂，两手下落。
(3) 并步还原。

十、四十二式太极拳口令词图解及要领一点通

注：假设面南起势。

第一段（1～10式）

1. 起势

（1）两脚并拢，松静站立。（图10-1）

要领提示：身体自然直立，两脚并拢，脚尖向前，头颈端正，下颌微内收，舌抵上腭，胸腹舒松，肩臂松垂，两手中指贴于裤腿中缝，腋下含空，呼吸自然；眼平视前方。

图10-1

（2）重心右移，左脚向左开半步，与肩同宽。（图10-2）

要领提示：左脚向左横开半步时，重心应先右移，再左脚跟轻轻提起向左横开半步，前脚掌先着地，然后脚跟外展踏平，与肩同宽；体重平均放于两腿，重心落于两腿之间，两手不可随开步左右晃动；开步时要做到"点起点落""轻起轻落"。

（3）两掌心向下，两臂缓缓向前平举，与肩同高。（图10-3）

图 10-2

图 10-3

要领提示：以肩为轴，以臂带手，配合吸气，两掌缓慢向前平举，与肩同高、同宽，沉肩、两臂微屈肘微垂，肘尖不要外撑或上扬，身体不可前倾，要立身中正。

(4) 屈膝，两手下按至腹前。（图10-4）

图 10-4

要领提示：两腿缓缓屈膝半蹲，两掌轻按腹前，掌心向下，动作宜缓慢，要松腰坐胯敛臀，上体中正，重心落于两腿之间；到位时要展掌、舒指，不可坐腕，掌与膝相对；两掌下按时呼气。

2. 右揽雀尾

(1) 撇脚，微右转。（图10-5）

要领提示：右臂、左手划弧要与转体、右脚尖外摆协调一致，右脚尖的方向是右斜前方约45°；上体保持中正，敛臀。

(2) 重心右移，收脚右抱球。（图10-6）

要领提示：收脚抱球要与重心右移协调配合，抱球时，重心不可上下起伏，注意右腿要屈膝，重心向右平移，左脚尖不点地，上体保持中正。

(3) 上体微左转，出步斜抱球。（图10-7）

图 10-5

图 10-6

图 10-7

要领提示：两手上下微合（斜抱球）要与转体，左脚前上、脚跟着地协调一致；左脚上步时，要松腰坐胯，重心仍在右腿，左胯放松，以大腿带小腿，左脚前迈脚跟轻轻落地。

收脚与抱球、上步与斜抱都要以腰带臂、以臂带手，手与脚上下协调，同时要松肩垂肘，腋下含空。

（4）左转，弓步前掤。（图10-8）

要领提示：左臂前掤，力在前臂外侧，臂呈弧形，松肩、肘微垂，掌心对胸；左臂前掤要与转体、弓步同步，弓步时两脚夹角45°~60°，两脚之间的横向距离约30厘米，膝盖不要超过脚尖，膝盖与脚尖大体垂直；上体正直，松腰、松胯。

（5）微左转，收脚左抱球。（图10-9）

图10-8　　　　　　　图10-9

要领提示：收脚抱球要与上体微左转协调一致；抱球时，左臂内旋、右臂外旋，屈抱于身体左侧前，重心仍在左腿，上体保持中正，松腰、沉胯、敛臀。

（6）微右转，出步斜抱球。（图10-10）

要领提示：两手上下微合（斜抱球）要与转体、右脚前上脚跟着地协调一致；转体上步时，右胯放松，坐左胯，重心仍在左腿。

（7）**右转，弓步前掤、蹬左脚。**（图10-11）

要领提示：右臂前掤要与转体、重心前移、蹬左脚成右弓步同时进行、同时到位；配合呼气，右前臂外侧向前、向上掤架，力在前臂外侧，到位时右臂呈弧形，松腰沉胯，上体中正。

（8）**微右转，翻掌前伸。**（图10-12）

图 10-10

图 10-11

图 10-12

要领提示：两掌前伸要边转腰边翻掌边前伸，两掌心斜相对，两肩放松，两肘微垂，上体中正；注意前伸掌不要做成前撩掌。

(9) 后坐，左转回捋。（图 10-13）

要领提示：两手弧线回捋要以腰微左转来带动，左腿屈膝，松腰、坐胯、敛臀，右脚尖不上翘，上体保持中正。

(10) 右转搭手。（图 10-14）

图 10-13

图 10-14

要领提示：右臂外旋屈肘横臂、左臂内旋，左掌指附于右腕内侧，要与转体协调一致；重心仍在左腿，两臂要掤圆。

(11) 弓步前挤。（图 10-15）

要领提示：两臂前挤时要撑圆，弓步时膝盖不要超过脚尖，上体要中正，身体不可前探；两臂前挤要与转体、重心前移成右弓步协调一致。

（12）两手前送，后坐翘脚，右转划平圆。（图10-16）

要领提示：以腰为轴、以身带臂、以臂带掌向右后划平圆时，左腿屈膝后坐，右脚尖翘起，上下要协调一致，上体保持中正，不凸臀。

（13）左转，扣脚旋掌。（图10-17）

图 10-15

图 10-16

图 10-17

要领提示：旋掌时，右肩松沉，右掌平旋，屈肘内收；左腿屈膝，松腰坐胯，左胯里缩，上体平稳转动；注意上体不可后仰或左胯上顶，旋掌要与转体、右脚尖内扣协调配合。

(14) 重心右移，收脚，丁步斜按掌。（图 10-18）

图 10-18

要领提示：右掌立掌斜按时，力在小鱼际；右腿要屈膝、重心向右平移、不可上升；丁步与按掌同时到位，并与转体协调一致。

3. 左单鞭

(1) 右掌变勾手。（图 10-19）

要领提示：右掌变勾时，重心不变，五指捏拢，勾尖向下，腕部微上提，忌腕部绕转（腕花）或五指依次捏拢。

(2) 微左转出步，左手平捋。（图10-20）

要领提示：转体出步时，重心不变，松腰开胯，两腿虚实要分明，重心不要过早前移，忌抢步，出步的方向是左前方（正东偏北）；此势左手应从右腕处随转体出步、脚跟着地，经面前弧形慢慢向左平捋；眼随手走。

(3) 弓步推掌，蹬右脚。（图10-21）

图10-19

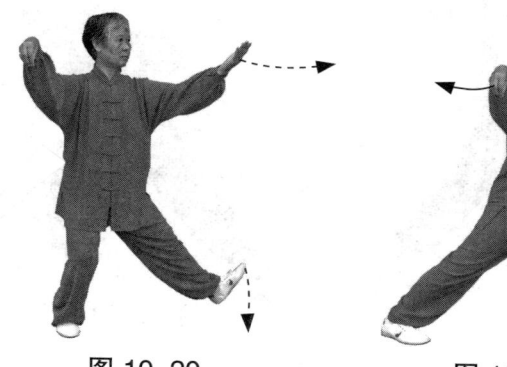

图10-20　　　　　　　　图10-21

要领提示：弓步推掌时，左手翻掌要以左前臂内旋来带动，边移动边翻掌边前推，不要过早翻掌或突然翻掌；推掌到位时，沉肩、坐腕、展掌、舒指，右勾手微后撑，左臂与左腿上下相对，臂微屈，松腰沉胯，上体中正，不可前倾，身体与左臂的夹角应大于90°；定势时，蹬右脚成45°，目视左掌。

4. 提手

（1）后坐、扣脚，右转、摆臂。（图10-22）

要领提示：左掌右摆要与转体、重心右移、左脚尖内扣上下协调一致，同时上体要中正，右胯要松沉。

（2）勾变掌，重心左移，转腰平带。（图10-23）

图 10-22

图 10-23

要领提示：两掌向左平带要与重心左移、腰微左转协调一致；随转体以身带臂，两掌向左平带动作要缓慢、柔和，左胯要沉。

（3）右转，虚步合掌。（图10-24）

图10-24

要领提示：虚步合掌的方向是右斜前方（西南），要以腰带肩、以肩带臂、左掌与右肘相合微微前送，但不要做成剁臂，两臂微屈不要相夹，沉肩垂肘；虚步时右膝不可僵直，坐胯敛臀，上体要中正，不要前俯或后仰；右掌侧立前举，左掌合于右肘内侧要与转体、右脚提起前落成虚步协调一致。

5. 白鹤亮翅

（1）左转，扣脚、回捋。（图10-25）
要领提示：两手下划回捋至身体右侧要与转体、右脚尖内扣协调一致；两掌心斜相对，左胯里缩，松腰坐胯，上体保持正直，不可弯腰或凸臀。

(2) 撤步中抱球。（图 10-26）

图 10-25

图 10-26

要领提示：抱球与撤步同步，并与左转体协调一致；两手抱球时，两掌心上下相对，腋下含空，上体要中正，不可前俯或凸臀。

(3) 后坐，右转、摆臂。（图 10-27）

要领提示：以腰带臂，两手边合边举摆要与重心后移右腿协调一致；重心不可升高，右胯里缩，上体保持正直。

(4) 左转，虚步亮掌。（图 10-28）

要领提示：白鹤亮翅是个对拉拔长的动作，随转腰右手向上外撑、左手下采，以及左脚尖稍前移轻点地成虚步时,上下要协调配合,同时完成,上体不可前俯后仰,亦不可塌腰、挺胸、凸臀,要松腰坐胯、敛臀;两脚夹角大约45°,右腿膝部与脚尖、臀部与脚跟大体相对,忌膝部里扣或外展。

图 10-27

图 10-28

6. 搂膝拗步（二）

（1）上体微左转,摆臂。（图 10-29）

要领提示：重心不变,以腰带臂,右掌划弧前摆下落,掌不要超过身体中线,要松肩垂肘;右臂前摆要与转体协调一致。

（2）右转,两手交叉划弧。（图 10-30）

要领提示：两手上下交叉划弧要以转腰来带动,不要只划手不转腰;右腿要放松微屈。

(3) 收左脚、侧举臂。（图 10-31）

要领提示：右手侧举、左手右划要与转体、收左脚同时进行、同时到位；两手的运行路线是右手由腹前继续向右上划举至右侧上方，左手向右经面前下划至右肋旁。

(4) 微左转出步，屈右肘。（图 10-32）

图 10-29

图 10-30

图 10-31

图 10-32

要领提示：右臂屈肘、左手下划要与转体、左脚前上脚跟着地协调配合，同时到位，重心在右腿。

(5) 左转，弓步搂推掌。（图10-33）

要领提示：此势是拗弓步推掌；右掌前推时，右手要与右脚跟在一条直线上，不可斜推，与"拗步手与足合"的拳论相符合。

推掌到位时，膝盖不要超过脚尖，身体勿前倾，注意弓步、搂按与推掌要同时到位，不可先弓腿后推掌或先推掌后弓腿，两脚之间的横向距离约30厘米；定势时，两肩松沉、右臂微屈，肘下垂，沉腕、展掌、舒指，掌根前顶，左臂微屈，左掌下采，坐腕、展掌、舒指，做到松腰松胯，上体中正。

(6) 后坐，翘左脚。（图10-34）

要领提示：右掌松腕要与重心稍后移、左脚尖翘起协调一致；重心后移时，松腰松胯敛臀，上体仍保持中正。

图 10-33

图 10-34

(7) 撇脚、微左转。（图 10-35）

要领提示：右手微左划要与转体、左脚尖外撇协调一致，重心仍在右腿。

(8) **重心前移，收右脚侧举臂。**（图 10-36）

要领提示：左手侧举、右手左划要与转体、重心前移、收右脚同时进行、同时到位；两手的运行路线是左手上划举至左侧上方，右手向左经面前下划至左肋旁。

(9) **微右转出步，屈左肘。**（图 10-37）

(10) **右转，弓步搂推掌。**（图 10-38）

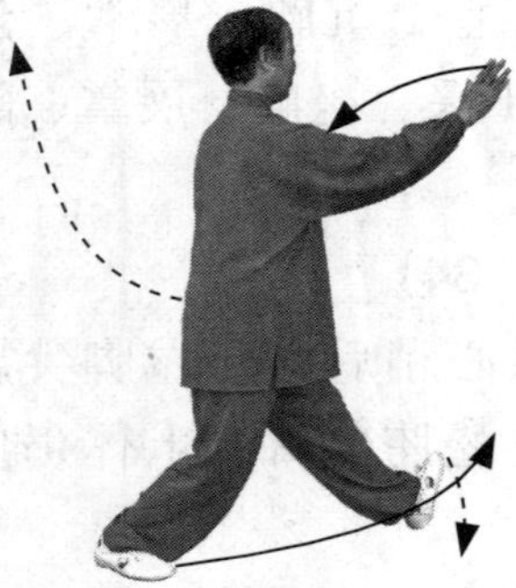

图 10-35

图 10-36

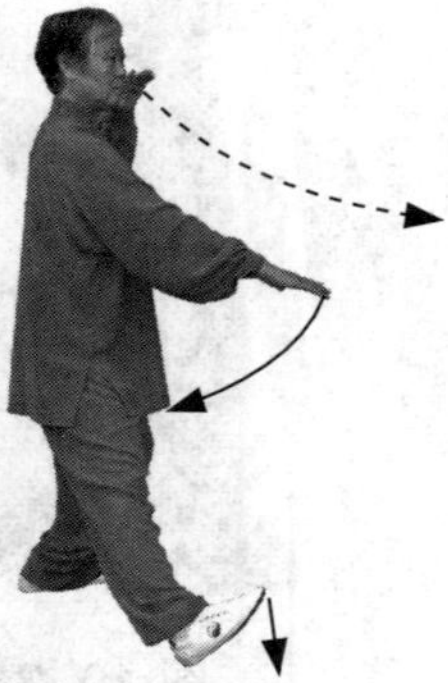

图 10-37

图 10-38

(9)(10)动与本式的(4)(5)动要领提示相同,唯动作左右相反。

7. 撇身捶

(1)后坐,翘脚。(图10-39)

要领提示:左掌松腕要与重心微后移、右脚尖上翘协调一致;上体要中正,收胯敛臀。

(2)右转,撇脚分掌。(图10-40)

图10-39

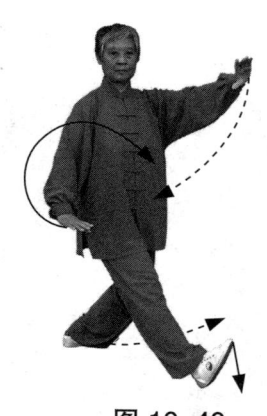

图10-40

要领提示:两手左前、右后分开要与转体、右脚尖外撇协调配合。

(3)重心前移,收左脚,左手握拳、合手。(图10-41)

要领提示：收脚、握拳要与重心前移协调配合；左手握拳，拳眼斜向内，松肩屈臂，不可抬肘，亦不可夹肘，腋下含空，右手扶于左前臂内侧。

(4) 微左转，出步举拳。（图10-42）

要领提示：举拳要与转体、出步协调一致；举拳时不可耸肩、缩脖或抬肘，要松肩沉肘，松腰松胯。

(5) 左转，弓步撇打。（图10-43）

图 10-41

图 10-42

图 10-43

要领提示：弓步撇打时，以腰带臂、以肩关节为轴旋臂弧形撇打，力点在拳背，弓步与撇打要同时到位，左拳与左前臂成一条直线，左臂要直中有屈，不可卷腕。

8. 捋挤势（二）

（1）松拳、后坐，翘脚、右转体。（图 10-44）

要领提示：左掌前伸、右掌划弧要与转体、重心微后移协调一致，上体要中正，松腰坐胯，不可凸臀；右掌的运行路线是随转体在体前向右划一平弧，收于左前臂内侧。

（2）扣脚，弓步穿抹，微右转。（图 10-45）

要领提示：右掌穿抹要与转体、重心前移成左弓步同时到位；右掌经左前臂上方穿出，方向是左斜前方，再向右前平抹，方向是右斜前方，右掌在左臂上方穿抹了半个平弧（穿抹时右掌运弧线），上体中正，不可前探。

图 10-44

图 10-45

(3) 收脚回捋。（图 10-46）

要领提示：收脚与回捋要同时进行，同时到位；回捋时，重心不可升高。

(4) 出步搭手。（图 10-47）

图 10-46

图 10-47

要领提示：两手翻转、屈肘掤臂要与转体、右脚上步脚跟着地协调一致；两臂掤圆，上体中正，敛臀。

(5) 弓步前挤。（图 10-48）

要领提示：两臂前挤与弓步同时到位；弓步前挤要松腰沉胯，两臂撑圆，上体中正，不可前俯或后仰。

捋挤势中的弓步与穿抹、收脚与回捋、出步与搭手、弓步与前挤都要以腰为轴带动四肢运动，手与脚要上下协调，切实体会"腰为主宰"的拳论。

（6）后坐翘脚，左转伸掌。（图10-49）

要领提示：右掌前伸、左掌划弧要与转体、重心微后移协调一致，上体要中正，松腰坐胯，不可凸臀；左掌的运行路线是随转体在体前向左划一平弧，收于右前臂内侧。

（7）扣脚，弓步穿抹，微左转。（图10-50）

（8）收脚回捋。（图10-51）

图 10-48

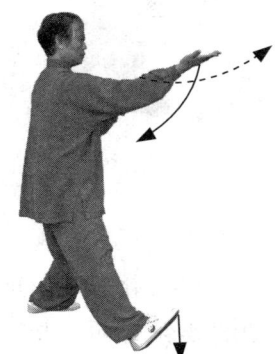

图 10-49

图 10-50

图 10-51

(9) 出步搭手。（图10-52）

(10) 弓步前挤。（图10-53）

图10-52

图10-53

左捋挤势（7）~（10）动与右捋挤势（2）~（5）动的要领提示相同，唯动作左右方向相反。

9. 进步搬拦捶

(1) 后坐、伸掌、翘脚。（图10-54）

要领提示：左掌前伸要与重心后移、左脚尖翘起协调一致，上体要中正，松腰、坐胯、敛臀。

(2) 撇脚、弓步穿分掌（图10-55）

要领提示：转体与分掌要协调一致；随转体，左脚尖外撇、重心前移左腿、两手左下右上划弧分展上下要协调配合，上体保持中正，不歪斜。

(3) 收脚，右手握拳。（图 10-56）

要领提示：两掌划弧、右手握拳要与重心前移、收右脚协调一致；左腿微屈，重心不可上升。

(4) 右转、出步摆脚、向前搬拳。（图 10-57）

图 10-54

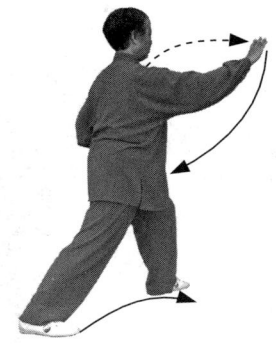

图 10-55

图 10-56

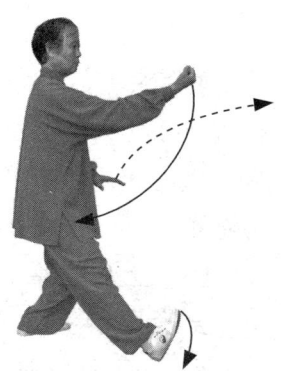

图 10-57

要领提示：以腰带臂、以肘关节为轴，右前臂翻转搬打，力点在拳背；右拳前搬、左手下按要与转体、右脚外摆上步协调一致，同时到位，上体保持中正，敛臀。

(5) 重心前移，右转、翻拳划弧。（图10-58）

图 10-58

要领提示：右前臂内旋屈肘、右拳收于体侧，左前臂外旋，左掌划至体前；左掌、右拳划弧要与转体、重心前移、左脚跟提起同步，上体保持中正，不可前倾。

(6) 上步拦掌。（图10-59）

要领提示：左掌前拦体前、右拳外旋收至腰间，要与重心移于右腿、左脚前上脚跟着地协调配合，同时到位。

(7) **左弓步打拳。**（图 10-60）

要领提示：弓步打拳时，右前臂内旋，右拳边翻转边向前打出，力点在拳面，弓步与打拳要协调一致；定势时，右臂直中有屈，沉肩垂肘，左膝与左脚尖大体垂直，松腰沉胯，上体中正。

图 10-59　　　　　　图 10-60

10. 如封似闭

(1) **左掌斜前穿。**（图 10-61）

要领提示：左掌从右前臂下向右斜前方穿出，左前臂内旋，翻掌心向下。

(2) **松拳，翻掌心向上。**（图 10-62）

要领提示：左掌穿出后，右拳随之变掌，翻掌心向上，两腕相叠，两臂微屈，上体不可随穿掌而前俯。

(3) 分手后坐，翘脚回引。（图10-63）

要领提示：两掌随重心后移，边分边以肘带手屈肘旋臂回引，两肘不可夹肋，两掌心斜相对；后坐时不可顶胯、挺腹后仰，上体要中正，松腰、坐胯、敛臀；两掌随屈肘回引要与重心后移、右腿屈膝后坐、左脚尖上翘协调配合。

图10-61

图10-62

图10-63

（4）两掌下按至腹前。（图 10-64）

要领提示：重心不变，随沉气两臂内旋，沉腕按至腹前，掌心斜向下，上体仍保持中正，不可凸臀。

（5）跟步双推掌。（图 10-65）

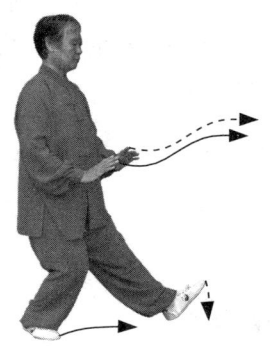
图 10-64

图 10-65

要领提示：跟步与推掌同时进行、同时到位；右脚不要离左脚太近，与左脚相距约 10 厘米；两掌随重心向前平移向上、向前弧线前推，两掌之间的距离与肩同宽；到位时，沉肩垂肘，两臂微屈，松腰、沉胯、敛臀，上体正直。

第二段（11～18 式）

11. 开合手

（1）右转、碾脚、两掌心斜相对。（图 10-66）

要领提示：开合手是取自孙式太极拳的动作。做开合手时，以转体带动手与脚上下协调配合，同时要与胸部的舒松和呼吸协调配合；动作转换时，两膝微屈，随转体、右脚跟向内碾转，两掌微外旋，掌心斜相对，两肘下垂。

（2）扣左脚开手。（图10-67）

要领提示：开手要与转体、左脚尖内扣协调一致，掌心相对与肩同宽；开手时，要做到开中寓合（即掌心先相对，再随转体左右拉开，舒胸），此时吸气，重心在两腿之间；忌开手时翻掌心向外或挺胸。

（3）提右脚跟合手。（图10-68）

图10-66

图10-67　　　　　　　　图10-68

要领提示：合手要与重心左移、右脚跟提起协调一致，两手相合与头同宽，做到合中寓开（即合手时，腋下含空，不要夹腋和扣胸），此时呼气；做开合手时要与胸部的舒松开吸合呼密切配合，不要单纯的开手与合手。

12. 右单鞭

（1）开步，两掌微前推。（图 10-69）

要领提示：两臂内旋、两掌微前推要与转体、右脚横开脚跟着地上下协调一致，松腰坐胯、上体中正，忌上体前倾或凸臀。

（2）右侧弓步，两手左右分开。（图 10-70）

要领提示：重心右移时，上体要平移且正直，不要歪斜；侧弓步分掌时，两手像摸扁担一样要水平向左右平抹分展，侧举于身体两侧，切勿高低不一或上体歪斜、挺腹后仰，要松肩垂肘，两臂微屈；分掌要与转体、重心右移成右侧弓步协调一致。

图 10-69

图 10-70

13. 肘底捶

（1）后坐，左转扣脚，撑摆掌。（图10-71）

要领提示：右前臂外旋，右掌向内掩裹，两掌向左划弧要与转体、重心左移、右脚尖内扣协调一致，同时要松腰沉胯，以腰带动两手左划。

（2）重心右移，收脚抱球。（图10-72）

图10-71　　　　　　　图10-72

要领提示：抱球要与转体、重心右移、收左脚协调一致；抱球时，右掌翻转，右臂屈肘，左前臂外旋，两掌上下相对，左腋含空，不得夹臂，右肘低于肩，手高于肘，不得抬肘；重心向右平移不得升高，松腰沉右胯。

十、四十二式太极拳口令词图解及要领一点通

（3）微左转，出步分掌。（图 10-73）

要领提示： 左掌分举、右掌下划要与转体、左脚向左前摆脚上步脚跟着地协调一致，同时到位；左臂微屈、肘松垂，右臂呈弧形。

（4）撇脚，左转划弧。（图 10-74）

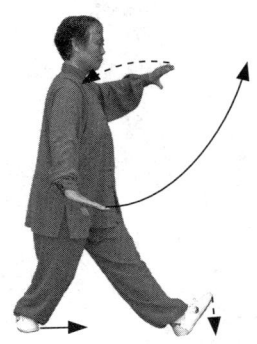

图 10-73　　　　　　图 10-74

要领提示： 左手左捋要与转体、左脚外撇同步。

（5）跟步摆掌。（图 10-75）

要领提示： 右手翻掌前摆、左掌下划要与转体、重心前移、右脚跟进半步上下协调一致，同时到位；跟步时，左腿微屈，重心不要上下起伏，上体要中正。

出步分掌、左转划弧、跟步摆掌时，都要以腰为轴带动四肢运动，上体要保持中正，动作连贯，节节贯

穿，不要有断续处。

(6) 后坐、穿掌，虚步劈掌。（图10-76）

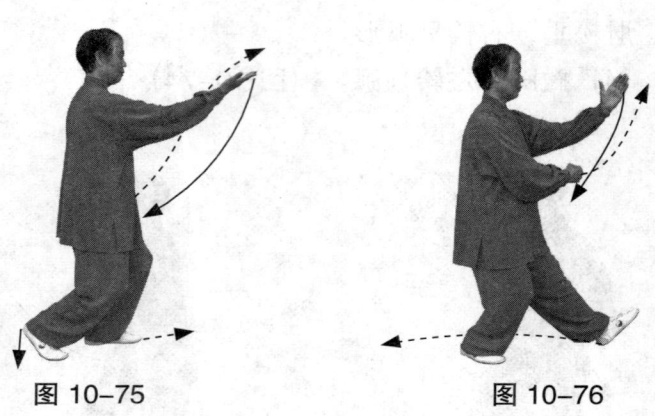

图10-75　　　　　　　　图10-76

要领提示：左掌经右腕上前穿要与重心后移、右脚踏实、左脚跟提起协调一致。

劈掌、握拳要与左脚前上脚跟着地同时完成，要松腰坐胯，沉肩垂肘，上体不要前倾或凸臀；左掌前穿时，掌心向上，劈掌时成侧立掌，右拳收至左肘内侧下方，不要收至左肘下方，以免形成夹肋，拳眼向上。

14. 转身推掌（二）

(1) 撤步松拳、侧举掌。（图10-77）

要领提示：撤步与侧举掌同时到位；撤步要轻灵，右腿屈膝，重心不得升高；右掌侧举时，臂微屈，肩要放松，不可耸肩。

(2) 扣脚、碾脚、微屈臂。（图10-78）

要领提示：右臂微屈举掌、左掌下落要与转体、扣右脚、碾左脚上下协调配合，同时到位。

(3) 左转出步、屈右肘。（图10-79、图10-79附图）

图10-77

图10-78

图10-79

图10-79附图

要领提示：右臂屈肘、左掌下落与转体、左脚向左斜前上步脚跟着地上下要协调一致；肩要松，上体要中正。

（4）跟步搂推掌。（图 10-80、图 10-80 附图）

图 10-80

图 10-80 附图

要领提示：转身推掌是斜出步，正推掌，出步的方向是左斜前方（西北），推掌的方向是正前方（正北）。

跟步搂推掌时，步法要轻盈，跟步与搂推同时到位；定势时，右掌坐腕、展掌、舒指，左手搂按，沉腕、展掌、舒指；松腰沉左胯，敛臀，上体保持中正。

（5）扣脚、碾脚、侧举臂。（图 10-81）

要领提示：左臂外旋、左掌侧举和右掌下落要与转体、左脚尖内扣、右脚跟内收协调一致。

(6) 右转出步、屈左肘。（图 10-82）

要领提示：左臂屈肘、右掌下落与转体、右脚向右斜前上步脚跟着地上下要协调一致，肩要松，上体中正。

(7) 跟步搂推掌。（图 10-83）

图 10-81

图 10-82

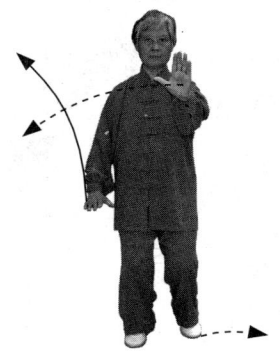

图 10-83

要领提示：转身推掌是斜出步，正推掌，出步的方向是右斜前方（西南），推掌的方向是正前方（起势方向）。

15. 玉女穿梭（二）

右穿梭

（1）右转、撤步、穿伸掌。（图10-84）

要领提示：右掌前伸、左掌右划要与转体、左脚后撤、右脚跟微内收上下协调一致，左掌划至右肘内侧下方，两掌心斜相对，两臂不可僵直，右臂微屈垂肘，上体中正，身体不可前倾。

（2）后坐、收脚回捋。（图10-85）

图10-84　　　　　　　图10-85

要领提示：两手回捋要与转体、重心后移、右脚收回协调配合，同时到位；两手回捋时，要以腰带臂、以臂带手随着重心后移而回捋。

(3) 上右步、搭手掤。（图10-86）

要领提示：两掌上举搭掤要与右脚前上协调一致，上步时，左腿屈膝，不可直立，右腿不可僵直；同时两臂要掤圆，两肘下垂，上体中正。

(4) 跟步前摆掌。（图10-87）

图10-86　　　　　　　图10-87

要领提示：右掌向前、向右划弧平摆要与转体、重心前移、左脚跟步上下协调，同时到位；左脚跟步时，右腿屈膝，重心向前平移、不可上浮，身体不可前倾，要立身中正。

(5) 后坐、右转、划平圆。（图10-88）

要领提示：右掌向右划平弧要随转体而动，同时要与重心后移、右脚跟微抬起协调一致；上体保持中正，不可后仰。

137

(6) 左转、旋臂、出右步。（图 10-89）

要领提示：右臂屈肘，右掌内旋要与转体、右脚前上同步。

图 10-88　　　　　　　　图 10-89

跟步前摆掌、后坐右转划平圆与左转、旋臂、出右步都要以腰为轴带动四肢动作，才能转换自如，上下协调一致，整个动作要连贯，体现出拳论中"腰为主宰"的论点。

(7) 右转，弓步架推掌。（图 10-90）

要领提示：弓步架推以腰带臂，右手上举托架，左手经腰间向前推出，两肩放松，上体要中正，不要耸肩、扬肘，不要左右歪斜；右手托架、左掌前推与弓步三者要同步，弓步与推掌方向一致，为右斜前方（西北）。

(8) 后坐翘脚、翻右掌。（图 10-91）

要领提示：重心后移于左腿时，要松腰、坐胯、敛

十、四十二式太极拳口令词图解及要领一点通

臀，臀部不可外凸，上体不可前探；右掌翻转下落、左掌划弧要与转体、重心后移协调一致。

(9) 扣脚，弓步穿抹掌。（图 10-92）

要领提示：左掌弧形穿抹要与转体、重心前移成右弓步同时进行，同时到位，定势时松腰沉胯，右膝不要超过脚尖；左掌穿出的方向是右斜前方（西北），抹掌的方向是左斜前方（西南）。

图 10-90

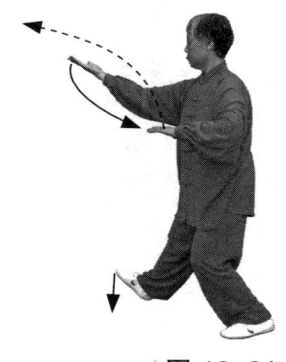

图 10-91

图 10-92

左穿梭

(10) 收脚回捋。（图 10-93）

要领提示：两掌回捋要与转体、重心前移、收左脚协调一致。

(11) 出左步、搭手掤。（图 10-94）

(12) 跟步前摆掌。（图 10-95）

(13) 后坐、左转、划平圆。（图 10-96）

图 10-93　　　　　图 10-94

图 10-95　　　　　图 10-96

（14）右转、旋臂、出左步。（图 10-97）

（15）左转，弓步架推掌。（图 10-98）

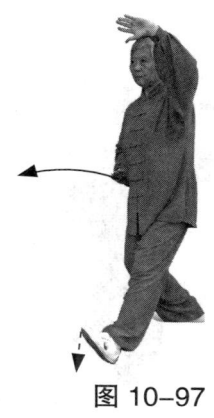
图 10-97

图 10-98

左穿梭的（11）~（15）与右穿梭的（3）~（7）动的要领提示相同，唯动作左右方向相反。

要领提示：玉女穿梭，腰部左右转动要缓慢、匀速，并带动上肢动作；下肢采用的是孙式拳的上步必跟的步法；定势动作采用杨式拳的弓步架推的拳架。

16. 右左蹬脚

右蹬脚

（1）后坐、翘脚、摆臂。（图 10-99）

要领提示：左掌翻转下落、右掌划弧要与转体、重心后移、左脚尖上翘协调一致；重心后移于右腿时，要松腰、坐胯、敛臀，臀部不可外凸，上体不可前探。

（2）弓步穿分掌。（图10-100）

图10-99

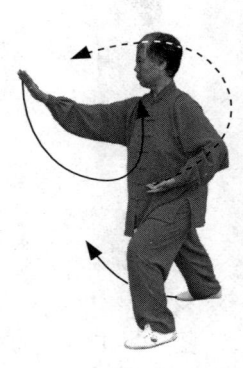

图10-100

要领提示：两掌右上、左下划弧分展要与转体、重心前移成左弓步协调一致；以腰为轴，用腰的转动带动两臂、两掌划弧，右掌经左前臂上方穿出划弧，动作要连贯；注意两掌不要单纯的在体前光划圈而不转腰，要松腰沉胯，上体中正。

（3）提膝合抱。（图10-101）

要领提示：两掌划弧合抱于胸前要与转体、左腿独立、右腿屈膝提起同步；合抱时，两掌心皆向内，右掌在外，两肩要松沉，两臂撑圆，左腿微屈站稳。

(4) 蹬右脚分掌。（图10-102）

要领提示：蹬脚与分掌要同时进行，同时到位；右掌与蹬出的右脚同一方向，为右前方约30°（西北），力在脚跟；定势时，两前臂内旋翻掌外撑，沉腕、舒指，支撑腿膝部稍微屈，以保持重心稳定；要做到肩与胯合，肘与膝合，手与足合。

图 10-101

图 10-102

左蹬脚

(5) 落脚翻掌。（图10-103）

要领提示：右掌翻转微内收、左掌划弧前伸要与右脚前落协调一致；右脚前落时，左腿要屈膝，重心在左腿，上体要中正，身体不要前俯后仰或凸臀。

(6) 弓步穿分掌。（图10-104）

(7) 提膝合抱。（图10-105）

(8) 蹬左脚分掌。（图10-106）

左蹬脚（6）~（8）动与右蹬脚的（2）~（4）动的要领提示相同，唯动作左右方向相反。

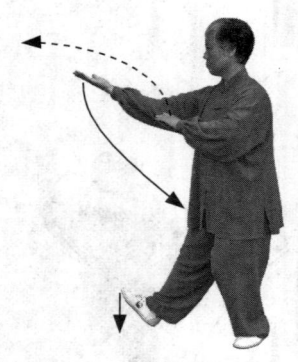

图10-103

图10-104

图10-105

图10-106

17. 掩手肱捶

（1）收脚双掩手。（图10-107）

要领提示：两掌掩合于头前要与左小腿屈收协调一致；右脚站立要稳，身体保持平衡，两肩松沉，两臂微屈，肘下垂，两腋含空，掌心向内。

（2）擦脚下按掌。（图10-108、图10-108附图）

图10-107

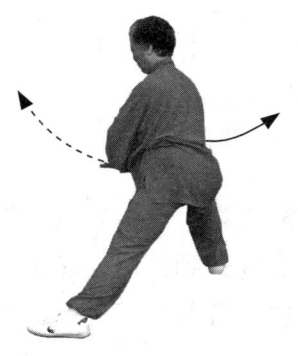

图10-108

图10-108附图

要领提示：两掌翻转相叠下按要与转体、左脚跟内侧擦地向左开步同步，上下协调一致；擦脚下按掌时，右腿屈膝，重心下移，松腰沉胯，上体中正，不可猫腰或凸臀。

（3）马步分掌。（图10-109）

要领提示：两掌向两侧分展侧举要划弧线，同时要与转体、重心微左移成马步协调一致；定势时，松腰、沉胯、敛臀，上体中正。

（4）右侧弓步掩手。（图10-110）

图10-109　　　　　图10-110

要领提示：左掌前摆、右掌变拳、两臂旋转、两肘内合要与转体、重心右移协调配合；到位时，松腰、沉胯、敛臀，上体中正，两肘合劲，蓄劲待发。

(5) 左弓步冲拳。（图 10-111）

要领提示：左掌后收、右拳内旋前冲要与转体、重心左移成左弓步协调配合，同时进行，同时到位。

掩手肱捶采取的是陈式太极拳的动作。两肘合劲，蓄劲待发，冲拳要配合呼气做到松弹快速，劲由脚、而腿、而腰、而背、而臂达于手飞快弹出，右拳要滚旋直打，不要做成撩拳；要松腰沉胯，上体中正，臂要微屈，不可僵硬，上体不可前倾、后仰或凸臀。

图 10-111

18. 野马分鬃（二）

左野马分鬃

(1) 微左转、松拳、塌腕、回捋。（图 10-112）

要领提示：以腰带臂、以臂带掌，右掌塌腕回捋，左掌以拇指为轴，四指顺时针向下转动，肩要放松，同

时要松腰沉胯,并与转体协调一致。

(2) 右转体,弓步前掤。(图10-113)

要领提示:两臂旋转、屈臂右掤时,要以转腰来带动,两臂掤于右肩前,并与重心右移成右弓步协调一致,松腰沉胯,两臂撑圆。

(3) 左转,偏马步横挒。(图10-114、图10-114附图)

图 10-112

图 10-113

图 10-114

图 10-114 附图

要领提示: 两臂旋转、两掌横捌,要以腰腹弹性发力,使两掌向左横捌于腹前;同时要与转体、重心左移成偏马步协调一致,松腰、沉胯、敛臀,上体中正,不可歪斜。

(4) 重心右移再左移,划弧成俯掌。(图 10-115、图 10-115 附图)

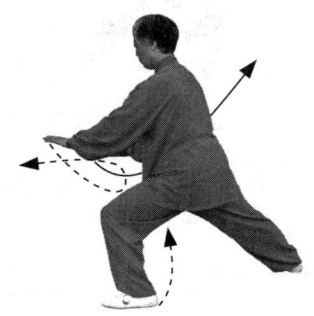
图 10-115

图 10-115 附图

要领提示: 两掌应随重心微右移再左移,腰微右转再左转,向左划弧成俯掌置于腹前;左腿屈弓,松腰沉胯,上体要中正。

(5) 后坐、提左膝、撑托掌。(图 10-116)

要领提示: 两臂旋转、左掌上托、右掌横撑要与重心后移、左腿屈膝提起协调一致,同时到位,两肩松沉,左脚尖自然下垂;左掌上托于左膝上方,右掌横撑于身体右侧。

(6) 落脚，左弓步穿靠。（图10-117）

图10-116

图10-117

要领提示：左掌穿靠、右掌横撑要与左脚前上、重心前移成左弓步协调一致；左脚前落时，右腿要屈膝；定势时，左臂舒伸，左臂与左腿上下相对，右臂撑圆，松腰沉胯，上体中正。

右野马分鬃

(7) 后坐、撇脚、微旋臂。（图10-118）

要领提示：左臂内旋、右臂外旋、左掌随屈臂外撑、右掌微下落内收要与转体、重心后移、左脚尖外撇同步；重心平稳后移，上体要保持中正。

(8) 提膝撑托掌。（图10-119）

要领提示：右掌上托、左掌横撑要与重心前移、右腿屈膝提起协调一致，同时到位，两肩松沉，右脚尖自然下垂；右掌上托于右膝上方，左掌横撑于身体左侧。

（9）落脚，右弓步穿靠。（图10-120）

图10-118

图10-119　　　　　　　图10-120

要领提示：右掌穿靠、左掌横撑要与右脚前上、重心前移成右弓步协调一致；右脚前落时，左腿要屈膝；定势时，右臂舒伸，右臂与右腿上下相对，左臂撑圆，松腰沉胯，上体中正。

第三段 （19～29式）

19. 云手

（1）后坐扣脚，左转撑摆掌。（图10-121）

要领提示：摆右掌、撑左掌要与转体、重心左移、右脚尖内扣协调一致，上体要中正。

（2）重心右移，右转、两手划弧。（图10-122）

图 10-121

图 10-122

要领提示：右掌内旋，掌心翻转向外，横掌右摆，左掌右划要与转体、重心右移协调配合。

（3）重心左移，左转腰云手。（图10-123）

要领提示：两掌左上、右下在体前交叉划弧要与左转体、重心左移同步。

（4）并步翻掌。（图10-124）

要领提示：两掌继续左云逐渐翻掌要与转体、收右脚并步上下协调配合；两脚平行向前，相距10~20厘米。

（5）右转腰云手。（图10-125）

图10-123

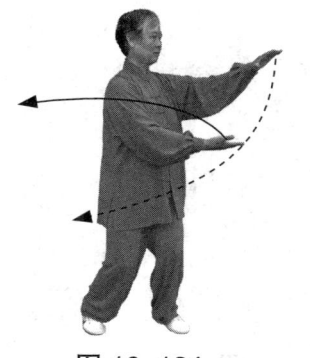

图10-124

图10-125

要领提示：两掌右上、左下向右划弧云转要与转体、重心右移协调一致。

（6）横开步翻掌。（图10-126）

要领提示：两掌继续右云逐渐翻掌要与转体、左脚横开协调一致。

（7）左转腰云手。（图10-127）

（8）并步翻掌。（图10-128）

（9）右转腰云手。（图10-129）

图10-126

图10-127

图10-128

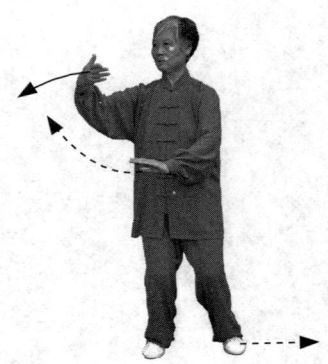

图10-129

(10) 横开步翻掌。（图10-130）

(11) 左转腰云手。（图10-131）

云手动作的（7）～（11）与（3）～（6）动的要领提示相同。

(12) 扣脚翻掌。（图10-132）

图 10-130

图 10-131

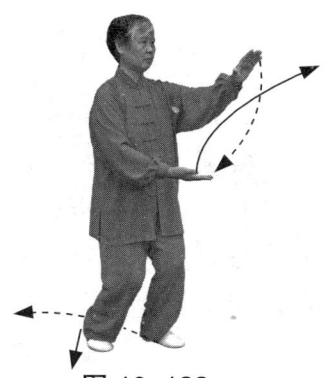

图 10-132

要领提示：两掌翻转要与转体、扣右脚协调配合。

整个云手动作要以腰为轴，用腰的转动带动两臂、两手在体前左右划立圆，上边的手高不过眉、下面的手低不过裆，两手边云边翻掌，眼随手走，不可机械地光抡手不转腰。

重心的移动、转腰和手的运行三者要同一方向，同时到位，做到不夹臂、不扬肘，忌腰与手异向，造成身体歪扭不协调。

云手并步时，步型是小开步，两脚尖均向前，两脚之间的距离约10厘米，忌八字脚。

左右云手过程中要有一个马步过渡；两脚的虚实要分明，两臂的旋转和脚步的移动要轻柔渐进，不可忽快忽慢，忽高忽低，应保持速度均匀，重心左右平移；手、眼、步与腰的转动要配合协调，做到神形兼备。

20. 独立打虎

（1）斜撤步穿掌。（图10-133）

要领提示：右掌前穿要与重心右移、右腿屈膝前弓、左脚后撤同步；穿掌应弧形向前伸探，穿掌的方向是右斜前方，臂微屈，两掌心斜相对；定势时，松腰沉胯，上体中正，不可前倾。

（2）后坐翘脚，左转、两掌划弧。（图10-134）

要领提示：左掌左划、右掌下落要与转体、重

心左移、右脚尖翘起并内扣协调配合，要松腰沉胯，上体中正。

（3）提膝架贯拳。（图10-135）

图 10-133

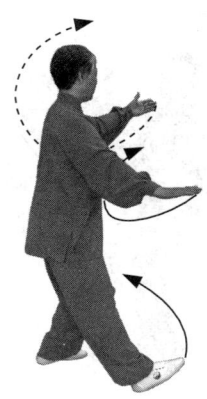

图 10-134

图 10-135

要领提示：此势下盘要稳，支撑腿的脚要有"入地三尺""稳如山岳"的意念；两拳眼上下相对，两肩要松沉，不耸肩，右脚尖上翘并内扣，上体要中正，不可前倾或后仰；左拳随屈臂举架、右拳贯抱要与左腿独立、右腿屈膝提起、脚尖上翘并内扣协调一致。

21.右分脚

（1）收腿、松拳、合抱。（图10-136）

要领提示：收腿与合抱同时到位，要与转体协调配合；两掌合抱时，两臂撑圆，松肩垂肘，右掌在外，左脚独立站稳，右脚尖自然下垂。

（2）分脚分手。（图10-137）

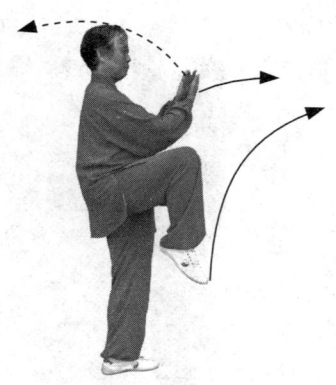

图10-136

图10-137

要领提示：分脚分手时，左腿微屈站稳，右脚面展平，脚尖向右前上方分出，两掌内旋，翻掌外撑，沉腕、舒指，肘关节微屈，右臂与右腿上下相对，右手与右腿方向一致（右前方约30°）；分脚与分手同时到位，身体要中正稳定，不可后仰。

22. 双峰贯耳

（1）收腿并手。（图10-138）

要领提示：收腿与并手要协调一致，右脚尖自然下垂，两臂微屈，肘尖下垂。

（2）两手下落至右膝两侧。（图10-139）

图10-138　　　　　图10-139

要领提示：两掌经面前划弧，平行下落于右膝两侧，掌心翻转向上，重心仍在左腿，立身中正。

(3) 落脚落掌变拳。（图 10-140）

要领提示：落脚、落手掌变拳时，右脚不要直接落地，左腿应先屈膝，然后右脚再缓慢下落，上体要中正，忌身体前倾或后仰。

(4) 右弓步双贯拳。（图 10-141）

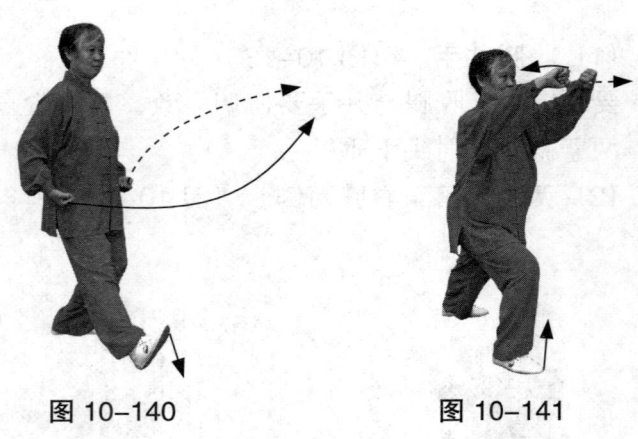

图 10-140　　　　　图 10-141

要领提示：贯拳要与弓步协调一致。贯拳时，拳的高度以太阳穴或耳平为宜，松腰沉胯，两臂半屈成钳形，两肘外开并下垂，两拳眼斜相对，力点在拳面，忌俯身、凸臀、低头、弯腰、耸肩、架肘、两拳过头。

贯拳的方向与右分脚的方向一致，同为右前方（东南）。

23. 左分脚

（1）后坐翘脚拳变掌。（图10-142）

要领提示：两拳变掌微分要与重心后移、右脚尖翘起协调一致；后坐时，上体保持中正、敛臀。

（2）撇脚、右转、分两掌。（图10-143）

图 10-142

图 10-143

要领提示：两掌向左右分展侧举要与转体、右脚尖外撇同步；后坐翘脚、两拳变掌与撇脚、右转、分两掌动作转换连贯，不要有断续处。

（3）重心前移，收左脚合抱。（图10-144）

要领提示：两掌合抱（左掌在外）要与转体、重心前移、收左脚协调一致；两掌的运行路线是由两侧向下、向内划弧至腹前相交,举抱于胸前。

(4) 提膝,分脚分手。(图10-145)

图10-144　　　　　图10-145

要领提示: 分脚分手时,右腿微屈站稳,左脚面展平,左脚尖向左前上方分出,分脚与分手同时到位,身体要中正稳定,不可后仰。

定势时,要沉肩垂肘,两掌翻转外撑,沉腕舒指;左手与左腿方向一致(方向正东,与起势方向成90°)。

24. 转身拍脚

(1) 碾脚,右后转体,扣左脚,两掌心斜相对。(图10-146、图10-146附图)

要领提示: 两掌划弧,掌心斜相对要与碾右脚、右后转体、扣左脚同时进行,同时到位,上下协调一致;

转体时,上体保持中正,重心仍在右腿。

(2) 碾脚,右转合抱。(图10-147)

要领提示:两手合抱于胸前要与转体、重心左移、碾右脚同步,两臂撑圆。

(3) 提膝拍脚。(图10-148)

要领提示:拍脚有两种:一种是直接上踢拍脚,另一种是提膝后再上踢拍脚。

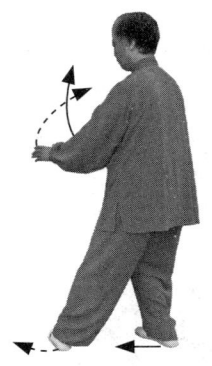

图 10-146

图 10-146 附图

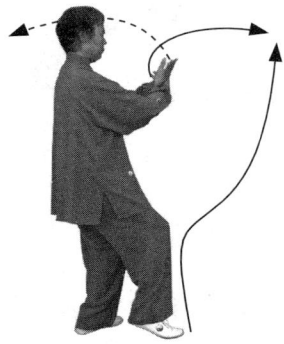

图 10-147

图 10-148

拍脚时，脚面要绷平，右掌直拍右脚面，左脚要踏平扎实，脚跟不要拔起，保持支撑腿稳定；右脚上踢与右掌拍击要协调一致，同时到位。

25. 进步栽捶

（1）落步摆脚，右转摆臂。（图10-149）

要领提示：两掌旋臂划弧要与转体、右脚前落脚尖外摆协调配合；先收腿再落脚，右脚下落要轻，以腰的转动带动两掌划弧摆臂，右脚外摆转体时，两腿应微屈膝，以保证重心稳定。

（2）重心前移，上步握拳。（图10-150）

图10-149　　　　　　　图10-150

要领提示：右手随屈肘握拳、左手下划要与转体、重心前移、左脚前上协调配合；上步握拳时，右腿屈膝、左膝放松，两肩松沉，注意敛臀。

（3）弓步搂栽捶。（图10-151）

图10-151

要领提示：栽捶要呈弧线，不要直往下栽，力达拳面，拳背与右前臂要成一条直线，右臂直中有屈，上体不要过于前倾，不可低头弯腰；弓步、左手搂按与右栽捶三者要协调一致，同时到位。

26. 斜飞势

（1）后坐、翘脚、拳变掌。（图10-152）

要领提示：右拳变掌要与重心后移、左脚尖翘起协调一致；右腿屈膝后坐时，注意敛臀，上体保持中正。

（2）撇脚、左转、分两掌。（图10-153）

要领提示：两掌左右分展要与转体、左脚尖外撇协调一致。

（3）重心前移，收脚合臂。（图10-154）

要领提示：两掌左上、右下，两臂屈肘合于胸前要与重心前移于左腿、收右脚同时到位；保持上体中正，注意敛臀。

（4）出步斜插掌。（图10-155）

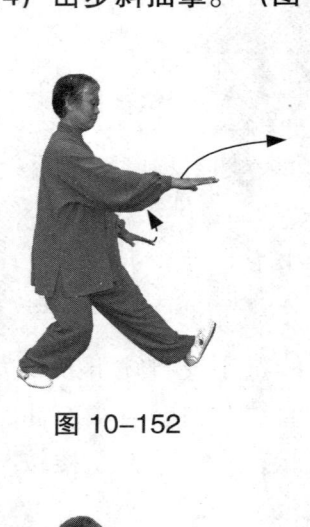

图10-152

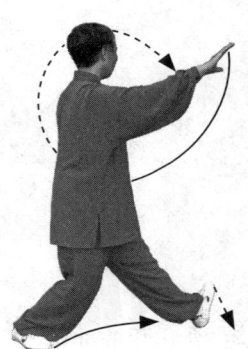

图10-153

图10-154

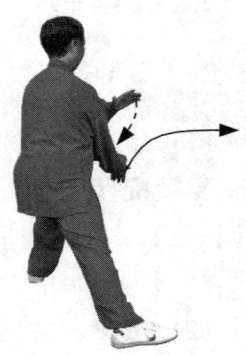

图10-155

要领提示：右掌斜插、左掌前伸要与转体、右脚侧上同时进行，同时到位；上体要中正，敛臀，右掌斜插、左掌前伸两臂合力，蓄劲待发。

(5) 侧弓步分靠。（图 10-156）

图 10-156

要领提示：侧弓步分靠，要以腰带动上肢动作；注意右肩向右倾靠，形在两手，意在肩臂，右肩向右倾靠要与转体、重心右移协调一致；步型为横裆步（右侧弓步）。

27. 单鞭下势

(1) 重心左移，左转、摆臂、勾手。（图 10-157、图 157 附图）

要领提示：左掌变勾、右掌左摆要与转体、重心左移、蹬右脚成左侧弓步同时进行，同时到位；两手的位置是左手勾提至身体左侧，右手划至左肘内侧。

(2) 屈蹲，仆步前穿掌。（图 10-158）

图 10-157　　　　　图 10-157 附图

图 10-158

要领提示：仆步时，左腿全蹲，右腿铺直，两脚之间的横向距离不要太宽，左脚跟应与右脚尖在一条直线上，左脚尖与左膝同一方向。

仆步与穿掌要同时进行；穿掌时，右手应顺着右腿内侧掌心向外、指尖向前穿出，上体不要前倾、弯腰或凸臀，到位时上体要中正。

28. 金鸡独立

（1）撇脚、扣脚、弓步挑掌后勾手。（图 10-159）

要领提示：右掌上挑（侧立）、左勾手置于背后（勾尖向上）要与转体、撇右脚、扣左脚、重心前移成右弓步上下协调一致，同时到位；右臂和右腿要上下相对。

（2）撇脚、提膝、挑掌。（图 10-160）

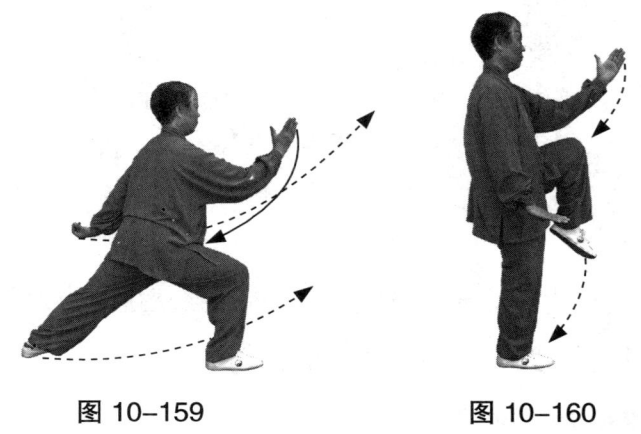

图 10-159　　　　　图 10-160

要领提示：左掌上挑、右掌下按要与转体、右腿独立、左腿提起协调一致；定势时，支撑腿稍屈站稳，立身中正，左肘与左膝上下相对，掌不要挑得太高，腕与肩高为宜。

（3）屈膝落脚落掌。（图10-161）

要领提示：左掌下按要与左脚下落协调一致；膝微屈，上体中正，敛臀。

（4）重心左移，提膝挑掌。（图10-162）

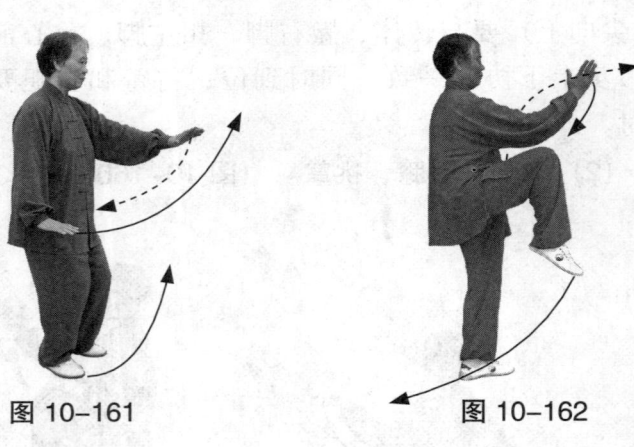

图10-161　　　　　图10-162

左腿独立挑掌（4）与本式右腿独立挑掌（2）要领提示相同，唯动作左右相反。

29. 退步穿掌

屈膝、撤步、穿按掌。（图10-163）

要领提示：左掌前穿、右掌横肘下按要与左腿屈弓、右脚后撤成左弓步同时到位；调正左脚，脚尖向前，上体要中正，松腰沉胯，左臂微屈，肘微垂；退步的方向是右后方，忌两腿在一条直线上或两腿交叉成麻花步。

图 10-163

第四段（30～42式）

30. 虚步压掌

（1）后坐扣脚，转体举臂。（图10-164）

要领提示：左臂左掌上举要与重心后移、右后转体、扣左脚、以腰带身协调一致；上体保持中正，不歪斜，右胯回缩，不凸臀。

(2) 重心左移，移右脚、虚步横压掌。（图10-165）

要领提示：左掌横压、右掌搂按要与转体、重心左移、左腿屈膝、右膝放松右脚微右移协调一致；上体向下松沉，微前俯，要松腰、沉胯、敛臀，不可低头或弯腰。

图10-164

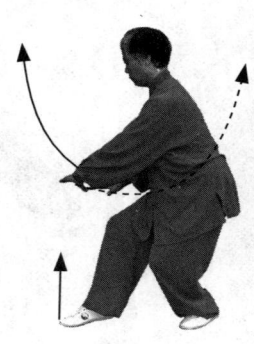
图10-165

31. 独立托掌

提膝撑托掌。（图10-166）

要领提示：两臂旋转、右掌上托（腕高与胸平）、左掌横撑（腕高与肩平）要与左腿独立、右腿提膝协调一致；右臂微屈，肘微垂，右肘与右膝上下相对，左臂撑圆；支撑腿微屈站稳，以保持上体中正平稳，不可左晃右斜。

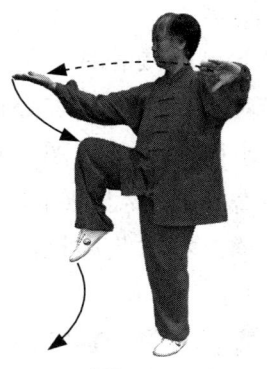

图 10-166

32. 马步靠

（1）落步右转，撇脚摆臂。（图 10-167）

要领提示：左掌前摆、右掌下捋要与转体、右脚前落外摆协调一致，同时到位；左腿屈膝随重心下降，右脚跟轻轻前落，上体保持正直，敛臀。

（2）收脚举掌，握左拳。（图 10-168）

图 10-167

图 10-168

要领提示：右转体、右掌上举、左手握拳、重心前移右腿、收左脚上下要协调一致。

此式应以腰带动四肢运动，重心在右腿。

(3) 左转，出步落右手。（图10-169）

要领提示：右掌下落要与转体、左脚前上同时到位；上体中正，敛臀，右掌收回推附于左前臂内侧，蓄劲待发。

(4) 半马步斜靠。（图10-170）

图 10-169

图 10-170

要领提示：此势的步型是丁半马步，重心略偏于右腿，右腿约占七分、左腿约占三分，（假设面南起势）右脚尖朝西北，左脚尖朝西南，两脚成丁字步；左臂内旋微屈，前臂立起，左拳眼对膝，右掌推助于左肘内侧，配合呼气，腰向前、向下松沉，利用重心下沉前移向左撑靠，沉胯圆裆；靠时，腰腿发力，力达左肩上臂外侧,向左前方撑靠。

此势不要做成左弓步靠,靠时上体仍保持正直,不可前倾,要注意敛臀。

33. 转身大捋

(1) 后坐、翘脚、拳变掌。(图 10-171)

要领提示:两臂旋转、两掌向后收带要与重心后移、左脚尖翘起协调配合;上体中正,要敛臀。

(2) 撇脚双旋掌。(图 10-172)

图 10-171

图 10-172

要领提示:两臂旋转翻掌要与转体、左脚尖外撇协调一致,同时到位。

(3) 左转、收脚、撑托掌。(图 10-173)

要领提示:左手随屈肘横掌(胸前)、右掌托举

(身体右侧)要与转体、重心前移、收右脚同步;定势时,两脚平行站立,两脚尖向正前方(起势方向),重心略偏左,右脚跟不着地。

(4)碾脚、左转体。(图10-174)

要领提示:两掌左摆要与转体、碾右脚协调一致,重心在左腿,膝微屈,合裆。

(5)撤步、平捋。(图10-175)

图10-173

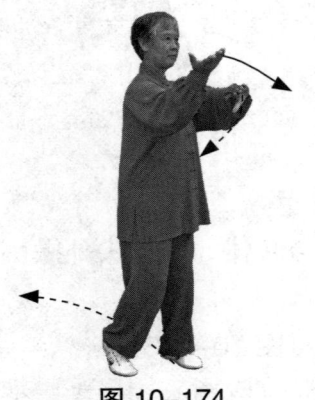

图10-174

图10-175

要领提示：两掌平捋要与转体、左脚后撤、右腿屈弓协调一致；到位时，松腰沉胯，两掌心斜相对。

（6）侧弓步滚压肘。（图10-176）

图 10-176

要领提示：两掌变拳、左拳收至腰间、右臂屈肘滚压要与转体、碾左脚、蹬右脚、重心左移成左侧弓步协调一致，注意不要做成马步滚压。

此式应以腰带动两臂、配合呼气，右臂屈肘外旋滚压至体前，松腰沉胯、沉肩，劲力连贯，向下沉劲，滚肘撅臂。

34. 歇步擒打

（1）重心右移，旋臂、架穿拳。（图10-177）

要领提示：旋臂架穿拳要以腰右转来带动；重心右移时，应平稳，不要上下起伏；右臂屈肘撑架、左拳后穿要与转体、重心右移、右腿屈弓协调一致；左拳由身体左后方顺着左胯和左大腿外侧穿出。

(2) 摆脚、弓步前伸掌。（图 10-178）

图 10-177

图 10-178

要领提示：左掌前伸、右拳下落要与转体、摆左脚、扣右脚、重心前移成左弓步同时进行，上下协调一致；左臂与左腿同一方向，上下相对。

(3) 盖步，左握拳。（图 10-179）

要领提示：左拳随屈肘横于体前、右拳卷收于腰间与右脚盖步横落同时到位；上体要中正，不可凸臀。

(4) 歇步下打捶。（图 10-180）

要领提示：左拳收回（腹前）、右拳（经左前臂上方）前打（拳高与腹平）要与两腿交叉屈蹲成歇步同时完成；歇步定势时，右脚踏实，左脚跟抬起，左膝盖应在右膝窝右侧，不要顶在右膝窝内。

图 10-179

图 10-180

35. 穿掌下势

（1）起身拳变掌。（图 10-181）

要领提示：身体立起，两拳随之变掌。

（2）收左脚平摆掌。（图 10-182）

图 10-181

图 10-182

要领提示：右臂内旋、左臂外旋，两掌心向外、向右捋摆要与转体、收左脚协调一致；两掌捋摆是在转腰的带动下进行的。

（3）右转，摆臂伸左腿。（图10-183、图10-183附图）

要领提示：两掌右摆要与转体、右腿屈弓、左腿左伸同时到位，形成上下对拔之势。

（4）屈蹲，两掌指尖向下转摆。（图10-184）

图10-183　　　　　　　图10-183附图

图10-184

要领提示：两掌转摆要与转体、右腿半蹲、左腿伸直协调一致。

（5）上体左转，仆步穿左掌。（图10-185）

图10-185

要领提示：仆步穿掌时，两掌左前右后以指尖领先，左掌心向右、右掌心向左，向下、向左顺着左腿内侧向前穿出，要注意敛臀、立腰，虚领顶劲，上体中正；左脚尖与右脚跟在一条直线上，右脚尖与右膝同一方向；上体不要过于前倾，忌低头、弯腰、凸臀。

36. 上步七星

（1）撇脚、扣脚、弓步挑掌。（图10-186）

要领提示：左掌上挑、右掌后拉要与转体、摆左脚、扣右脚、重心前移成弓步协调一致，同时到位，要提顶，上体中正，左臂与左腿上下相对。

(2) 上右脚，虚步十字拳。（图 10-187）

要领提示：十字拳也称架掤拳，两腕交叠成十字，拳背相对，两臂撑圆（有外撑之意），架掤拳与右脚前上成虚步要协调一致；到位时，松腰沉胯，上体中正，忌挺胸、耸肩或凸臀。

图 10-186

图 10-187

37. 退步跨虎

(1) 撤步拳变掌。（图 10-188）

要领提示：两拳变掌要与右脚后撤、前脚掌着地协调一致。

(2) 后坐，右转划弧，摆臂。（图 10-189、图 10-189 附图）

要领提示：左掌右摆、右掌下划要与转体、重心后移、左脚跟微提同步；左掌应边伸边向右摆。

图 10-188

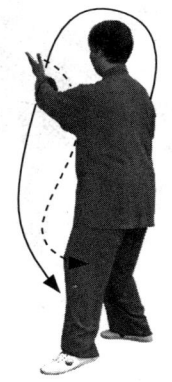

图 10-189

图 10-189 附图

(3) 左转划弧，丁虚步压掌。（图 10-190）

要领提示：左掌按于左胯旁、右掌划弧下插于左腿外侧要与转体、左脚后收成丁虚步协调一致，同时到位；两腿略屈蹲，松腰、坐胯、敛臀，上体中正。

(4) 独立挑掌勾手。（图10-191）

要领提示：右掌上挑、左勾侧举要与转体、右腿独立、左腿屈膝前举协调一致，同时进行，同时到位；右掌上挑应顺着左大腿外侧，向右前方挑起成侧立掌；左腿屈膝前举（西北），支撑腿（右腿）要站稳，左脚面要展平并微内扣，上体要中正，不猫腰、不后仰，胸向西南。

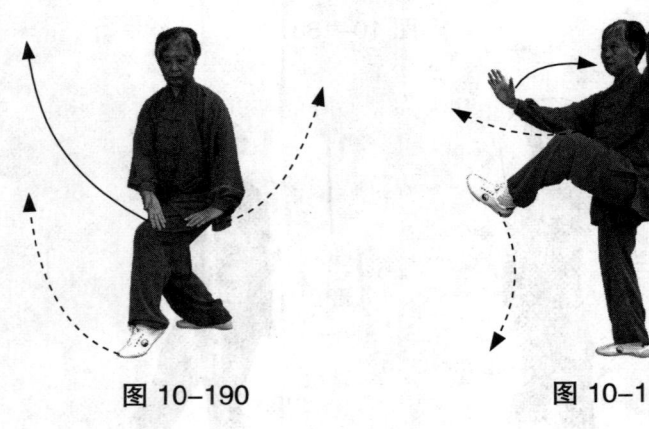

图10-190　　　　　图10-191

38. 转身摆莲

(1) 落步、扣脚、带摆掌。（图10-192）

要领提示：左掌平摆、右掌平带要与转体、左脚前落微扣协调一致；左脚下落时，重心下降，右腿屈膝，

十、四十二式太极拳口令词图解及要领一点通

松腰坐胯，上体中正。

（2）扣脚、穿右掌。（图10-193、图10-193附图）

要领提示：摆左掌、穿右掌（两掌心皆向上）要与扣左脚协调一致；重心仍在右腿。

图10-192

图10-193

图10-193附图

185

(3) 右后转体，重心左移，碾右脚。（图 10-194）

要领提示：右后转体、重心左移、碾右脚三者要同步。

(4) 右转、翻掌、摆臂。（图 10-195）

要领提示：右掌右摆、左掌下落要与微转体协调一致；以腰带动两臂、两掌动作，两掌心皆向下。

(5) 上体左转，提膝摆拍脚。（图 10-196）

图 10-194

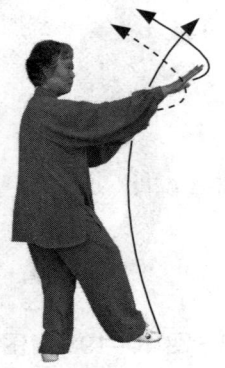

图 10-195

图 10-196

要领提示：摆脚时，右脚脚面展平，右腿自右向左再向右扇形上摆；支撑腿要微屈站稳，两掌平摆左先右后依次连拍右脚面两响，上体要中正，不可猫腰或凸臀，摆腿与两掌平摆拍脚方向相反。

39. 弯弓射虎

（1）提膝摆掌。（图 10-197）

要领提示：提膝收腿与两掌左摆要协调配合，独立腿要稳，右脚尖自然下垂。

（2）落步，两掌下落。（图 10-198）

图 10-197

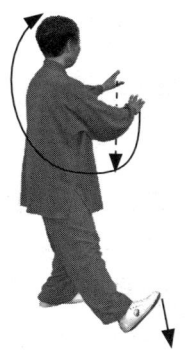
图 10-198

要领提示：随转体两掌下落要与左腿屈膝、右脚落步同时到位，上下协调一致。

(3) 右转体，两掌划弧握拳。（图 10-199）

要领提示：两掌握拳要与转体、重心前移、右腿屈弓协调配合，要沉肩、松腰、松胯、敛臀。

(4) 左转，弓步架打捶。（图 10-200）

图 10-199

图 10-200

要领提示：两拳前打要与转体、弓步协调一致；弓步与右脚尖的方向是右前方，架打捶的方向是左前方，两拳眼斜相对。

定势时要松腰沉胯，上体中正，以腰为轴，上体微左转带动两臂动作，但不要向左扭胯和右膝内扣，忌敞裆。

40. 左揽雀尾

(1) 后坐翘脚，拳变掌。（图 10-201）

要领提示：两拳变掌要与后坐、右脚尖翘起协调一

致,上体要中正,不得后仰或凸臀。

(2) 撇脚,右转体划弧。(图 10-202)

要领提示:左掌左伸、右掌翻转下划要与转体、右脚尖外撇协调一致,上体保持中正。

(3) 重心前移,收脚抱球。(图 10-203)

图 10-201

图 10-202

图 10-203

要领提示：两掌上下合抱要与重心前移、收左脚同步，两掌心上下相对，右肩松沉，左腋含空。

(4) 出步斜抱球。（图 10-204）

要领提示：两手上下微合（斜抱球）要与转体、左脚前上脚跟着地协调一致；转体上步时，左胯放松，坐右胯，重心仍在右腿。

(5) 左弓步前掤。（图 10-205）

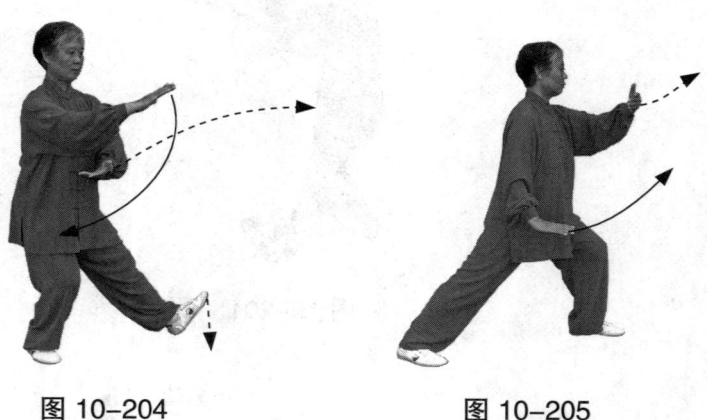

图 10-204　　　　　　图 10-205

要领提示：左前臂前掤要与重心前移、成左弓步同步，力在前臂外侧，臂呈弧形，两肩松沉，松腰沉胯，上体中正。

(6) 腰微左转，两臂前送。（图 10-206）

要领提示：翻掌前伸要以腰为轴，边转腰边翻掌边前伸；两肩松沉，左臂直中有屈，肘下垂，右臂微屈，

忌向上撩掌。

（7）后坐、右转、后捋。（图10-207）

要领提示：两掌划弧后捋要与转体、重心后移同步，以腰带动两臂、两掌划弧，右胯里缩；到位时，松腰坐胯，上体中正。

（8）左转搭手。（图10-208）

图10-206

图10-207

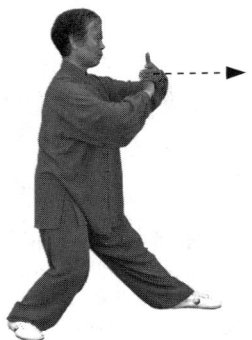

图10-208

要领提示：左臂屈肘、右掌搭腕要与转体协调一致，两臂掤圆，松腰、坐胯、敛臀、上体中正。

（9）弓步前挤。（图10-209）

要领提示：两臂前挤要与重心前移成左弓步协调一致；前挤时，两臂要撑圆，松腰沉胯，松肩垂肘，上体中正，不可前探。

（10）右手前穿，翻掌心向下。（图10-210）

图10-209

图10-210

要领提示：右掌应经左掌上方穿出，两掌翻掌心向下；目视前方。

（11）分掌后坐，翘脚回引。（图10-211）

要领提示：屈臂收掌要与重心后移、身体后坐、左脚尖上翘同步；后坐回引时，含胸缩胯，以两肘带动两掌随屈肘旋臂回引，后腿屈膝，松腰坐胯，忌两肘夹

肋，上体后仰或凸臀。

（12）两掌下沉至腹前。（图10-212）

要领提示：重心不变，两掌由胸前下落于腹前，两掌心斜向下。

（13）左弓步前推按。（图10-213）

图 10-211

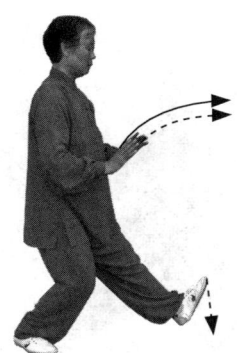

图 10-212

图 10-213

要领提示：两掌前推按要与重心前移、成左弓步协调一致；前推按时，两掌要划弧线，两掌与肩同宽，要收胯、敛臀、上体中正，不可前俯或挺胸。

掤、挤、按要与弓腿协调配合，回捋与回引要与屈膝后坐协调配合，掤、捋、挤、按均要以转腰来带动。

41. 十字手

（1）后坐扣脚，右转摆臂。（图 10-214）

要领提示：右掌右摆、左掌侧分要与转体、重心右移、左脚尖内扣协调一致；左脚尖的方向是正南（起势方向），重心在右腿。

（2）撇右脚，侧弓步分掌。（图 10-215）

图 10-214

图 10-215

要领提示：两掌左右平举要与转体、摆右脚、重心右移、成右侧弓步同时进行，同时到位；定势时，重心充分移到右腿，身体不可前倾，应松腰、沉胯、敛臀。

（3）重心左移，两掌下沉，扣右脚。（图10-216）

要领提示：两掌划弧下沉要与转体、重心左移、扣右脚同步，上体正直，要敛臀。

（4）收脚合抱。（图10-217）

图10-216

图10-217

要领提示：两掌合抱要与右脚内收成开立步协调一致；两腕交叉相叠成十字，经腹前举至胸前，两臂撑圆，松肩垂肘，胸部宽舒，立身中正，重心在两腿之间，身体不可前俯、低头、弯腰或凸臀。

42. 收势

(1) 翻掌,两掌平分。(图 10-218)

要领提示:两前臂内旋,两掌边翻转边平行分开,速度应均匀,两臂直中有屈,松肩垂肘,立身中正。

(2) 垂臂,两手下落。(图 10-219)

图 10-218

图 10-219

要领提示:两手下落时要松肩垂臂,以臂带手缓缓下落于两腿外侧,掌心向内,两臂不可僵直。

(3) 并步还原。(图 10-220)

要领提示:还原后,身体应自然直立,呼吸平稳均匀;目视前方。

图 10-220

整个收势过程应全身放松，但不可松懈；要气沉丹田，做到体静气和，心旷神怡，精神饱满，舒适自然。

收势后，不要马上走动，待呼吸完全平稳后再离开原地。

十一、附录
浅论行拳走架中如何做到身法正、上下随、意气通

太极拳是我国传统武术的一支奇葩。它集御敌、医疗、健身功能于一体，几百年来深受武林众人的青睐。新中国成立后，打太极拳又成为全民健身运动的主流。

太极拳的动作轻灵柔和，快慢相间，刚柔并济，舒展大方。迈步如猫行，运劲如抽丝，蓄劲如张弓，发劲似放箭。静如山岳岿然不动，动若江河滔滔不绝，如行云流水，连绵不断。要达到这个水平，必须做到身法正、上下随、意气通。纵观晨练的人群中，不乏有艺高之人，但有很多习练者没有做到上述三点，有的甚至不明白身法正、上下随、意气通到底是怎么一回事，只是机械地跟着大伙伸手出脚、比猫画虎。所以在行拳走架中，往往会出现耸肩、驼背、锅腰、凸臀、歪头、斜颈、一字步、麻花步、双重腿等不良姿势。不但起不到防病治病、强身健体的作用，而且还练出了腰疼腿疼颈椎疼的毛病。笔者为他们"闻鸡起舞"的热情和执着精神所感动，也为他们的弊病而担

忧,故撰文试纠之。

一谈身法正

行拳走架中,要想做到身法正,必须从预备势开始,立顶、微收下腭、松肩、垂肘、含胸拔背、松腰松胯、敛臀、目视前方,这都是练太极拳必须知道的常识,勿需多谈。一旦行起拳来,一定要做到尾闾中正和内外三合,这是身法正的重要保证。只有尾闾中正,才能"立如秤准,活似车轮",无论进退转换,才能稳健灵活、支撑八面。尾闾中正的一个重要标志就是腰脊要竖直,要保持"立身中正"。如腰不竖直,尾闾就无法中正,使之轴心不稳,不是前俯就是后仰,不是左偏就是右倚。腰为一身之主宰,能做到松腰松胯、气往下沉,两腿两脚才能有力,下盘才能稳固,腰腿才能灵活,动作才能随心所欲,舒展大方。

尾闾中正歌曰:"顺步出掌肘合膝,拗步出掌手合足,磨腰抽胯肩胯合,尾闾自然不偏倚。"这首歌诀重点强调了使尾闾中正的内外三合。所谓内三合,即"神与意合,意与气合,气与力合"。所谓外三合,即"手与足合,肘与膝合,肩与胯合"。内外三合实为表里,一主一副不能偏废。行拳时要做到神形兼备,每招每式都要做到以神领形,上身,眼随手走,手到眼到;下身,腰到腿到,身躯进退要相随,不偏不倚,上下要相照。如四十二式太极拳的单鞭,眼要随着左手从右腕的内侧,即右侧前方向左前方弧形缓缓移动,这是眼随手走。还有陈式太极拳的左蹬一根、右蹬一根,不但要手到眼到,还要腿到脚到。做到这些后,还要与内部的神、意、气上下运行,内外相合,形成周身上下内外"一动无有不动,一静无有不静"的统一协调运动。这样长期坚持,自然会中正安舒,心旷神怡,身轻气爽,达到治疗保健的效果。

二谈上下随

何谓上下随?拳论云:"腰通脊柱,上与两肩两臂相系,下与两腿两胯相随,上下贯通,手脚相济。其根在脚,发于腿,主宰于腰,形于手指,由脚而腿而腰,总须完整一气。"一举一动,眼必随之。也就是整个身法、步法、手法、眼法要有机配合,协调一致。上下相随要特别注意"主宰于腰"和"分清虚实",否则上下歪斜,左右摇晃,转体不灵,整体动作不能协调。

太极拳处处是以腰为中心的动作,腰一动周身俱动。拳论云:"命意源头在腰隙,有不得机势处,其病必与腰腿求之。"太极拳的虚实变化,皆应由腰带动。俗话说:"练拳不练腰,终究艺不高。"只要做到以腰为轴有序转换,快慢相间,节节贯穿,开合有变,动作才能做到上下相随,周身一家。例如:简化太极拳二十四式中的云手、左揽雀尾、右揽雀尾、手挥琵琶,腰的转换就特别明显，都是用腰带动两臂运动的。陈式太极拳的披身捶、背折靠、青龙出水，吴式太极拳的玉女穿梭等腰的带动也都很明显。

行拳走架中要想做到上下相随，还要做到虚实分明。也就是一定要弄清两腿的虚实变化，进而明了"虚中有实，实中有虚，处处都有一虚实的道理"。只要一动，就分虚实。实的一腿稳定扎根，支撑全身重量；虚的一腿才能进退自如，协调有序。这就需要平时多练太极步。练习时，上身不可挺拔起浮，腿不可摇晃僵直。前进时，脚不可前够；后退时，体重仍由实腿来支撑，不要出现体重随着退步同时后移，形成双重腿的现象。要时刻保持身体的中正稳定和动态平衡，不能上下起伏，忽高忽低，摇摆不定。上步时脚跟先着地，再脚心、脚掌、脚趾依次缓缓踏实；退步时脚尖先着地，再脚掌、脚心、脚跟依次缓缓踩实。由此可见，太极拳的一招一式的变换和虚实的转变都是渐变，而不是突变，这样，细腻的动作才能做出来。如此苦练多日，两腿必然增劲，下盘自然稳固，上下自然相随。

三谈意气通

太极拳特别强调心静用意。拳论曰："心为令，气为旗，神为主帅，身为驱使。所谓意气君来骨肉臣。"吴式太极拳的巧密柔化之功、陈式太极拳的缠抖刚发之力、杨式太极拳的圆满舒放之长、孙式太极拳的开合活步之妙，皆是以意行气，以气运身，跟意、气、神有着紧密的关系。行拳走架要思想集中，头脑清醒，排除杂念，以意识指导动作，意动形随，按照套路、规矩徐徐而行。动作的整个过程，哪怕是再小的动作也是由意念引导着进行的。势与势之间转换方向，变换步法，上下衔接，看似劲断，实则是劲不断意亦不断。但是用意又不能过强，那样会造成思想紧张，全身不能放松，上下不能相随，节节不能贯通。意要在有无之间，将用意融合于无意之中，所谓"心机入妙，终归于无心"。另外，还要做到用意不用力，如果用力则是拙力，会出现僵直呆滞，手脚不灵，动作失去柔劲和弹性，不利于增长内劲。

练太极重意不重形，但必须先求形似，再求神似；先求舒展，再求紧凑，由大圈到小圈，由小圈到无圈，要循规蹈矩，明规矩而守规矩。一招一式要仔细揣摩，把每一式的动作方向与作用真正弄懂弄清楚，并且做到位。高难度动作要苦练基本功，经过千锤百炼努力做到，这样才能达到形似。如何提高到神似呢？首先要做到心静体松、头脑冷静，自始至终以神领形，实中求虚，动中求静，悠悠哉而缓缓行拳之，待艺臻上乘之时，即可脱规矩而合规矩。

行拳走架要自然呼吸，一般不强调动作配合呼吸。虽然太极拳呼吸有"起吸落呼，蓄吸发呼，开吸合呼"

的讲究，但是强求动作配合呼吸会造成"闭气"的毛病，影响放松，制约功力，此乃行拳之大忌。拳论云："在意不在气，在气则滞。"就说明了这个道理。所以在行拳走架中，还是自然呼吸为好，但要做到细、匀、深、缓。只有一些特殊动作，比如陈式太极拳一路的掩手肱捶、青龙出水、左蹬一根、右蹬一根；陈式太极拳二路的裹鞭炮、穿心肘、窝里炮等这些发力动作，就需要呼吸配合来完成，才能像放箭一样，干脆、迅速、有力，不然劲力达不到，就打不出寸劲来。所以，像这些动作应配合呼吸为最好，其他均可以意领气，自然呼吸，待行拳纯熟时，呼吸自然会配合动作，使中气贯足，重心下降，体外舒展无压抑之处，体内顺畅无憋闷之感，这才是意气真正通了，才能达到"聚气凝神，形神统一"的境界。

另外，行拳走架是练基本功，推手则是应用。拳架中包含着技法，可用于推手，推手又反过来检验走架的正确性。二者相辅相成，具有异曲同功之效，可兼而练之。

总之，行拳走架中，只要做到身法正、上下随、意气通，太极拳水平就能上一个新台阶。但是"学拳容易改拳难"，长期形成的毛病是很难改正过来的，还望一些有这样或那样毛病的太极拳爱好者，也别忘记还有"功夫不负苦心人"这句至理名言，只要习练者下定决心，虚心向功深高手请教，刻苦用功，按正确的方法长期训练，一招一式反复练习，夏练三伏，冬练三九，持之以恒，必然会脱胎换骨，必能练出上乘功夫。最后，我们用一位太极老前辈的一首诗，作为本文的结束语："姿势正确意集中，进退转换虚实明。动作协调体放松，前后连贯上下应。速度均匀像抽丝，举止轻灵似猫行。呼吸一任须自然，治疗保健太极功。"

图书在版编目（CIP）数据

太极拳拳架一点通：系列之一，二十四式和四十二式太极拳/成仁芬，刘月鹏编著.－北京：人民体育出版社，2015
ISBN 978-7-5009-4827-8

Ⅰ.①太… Ⅱ.①成… ②刘… Ⅲ.①太极拳-基本知识 Ⅳ.①G852.11

中国版本图书馆CIP数据核字（2015）第132489号

*

人民体育出版社出版发行
三河兴达印务有限公司印刷
新 华 书 店 经 销

*

850×1168　32开本　7.25印张　200千字
2015年10月第1版　2015年10月第1次印刷
印数：1—3,000册

*

ISBN 978-7-5009-4827-8
定价：25.00元

社址：北京市东城区体育馆路8号（天坛公园东门）
电话：67151482（发行部）　　邮编：100061
传真：67151483　　　　　　　邮购：67118491
网址：www.sportspublish.com

（购买本社图书，如遇有缺损页可与邮购部联系）